Die Königstochter

aus der Serie
Charakter-Klassiker

Herausgeber
James Edson White

Aus der Serie: Charakter-Klassiker
Die Königstochter
Originaltitel: *The King's Daughter and Other Stories for Girls, Sabbath Readings for the Home Circle, Hg.: J.E. White,* Nashville, Tenn. & Marshall, Mich. 1910

3. deutschsprachige Ausgabe 2017

Hauptstrasse 62,
79348 Freiamt
Internet: www.newstartcenter.de
Shop: www.newstartcenter.biz
e-mail: info@newstartcenter.de

Satz und Layout: NewStartCenter®
Redaktion: Kai Mester
Übersetzung: G. Bolotowa, J. Göbel, A. Kotlow, B. & K. Mester
Umschlag: NewStartCenter®
Titelbild: Franziska Pejas

Die Deutsche Bibliothek - Cip-Einheitsaufnahme
Ein Titeldatensatz für diese Publikation ist bei
Der Deutschen Bibliothek erhältlich

Bestellnummer: 250-621
ISBN: 3-933785-13-8

INHALTSVERZEICHNIS

DIE KÖNIGSTOCHTER

»Ich wollte, ich wäre eine Prinzessin!« sagte Emma, den Staubwedel in der Hand, und blieb auf der Treppe stehen. Sie war gerade auf dem Weg zu ihrem hübschen, kleinen Zimmer, das sie jeden Tag in Ordnung halten sollte.

»Warum, mein Kind?« fragte ihre Mutter.

»Weil ich dann nie fegen müsste und abstauben und Betten machen, sondern ich hätte viele Diener, die das für mich tun würden.«

»Das ist ein sehr dummer Wunsch, meine Tochter; selbst als Prinzessin, denke ich, wäre es für dich das Beste, wenn du lernst, wie man das macht, damit du es kannst, falls es einmal nötig ist.«

»Aber eine Prinzessin hat es nie nötig zu arbeiten.«

»Hier beweist mein kleines Mädchen ihre Unkenntnis. Wenn sie zu mir kommt, nachdem sie ihre Arbeit getan hat, werde ich ihr ein Bild zeigen.«

Das kleine Schlafzimmer war schließlich in Ordnung gebracht, und Emma kam zu ihrer Mutter und erinnerte sie an ihr Versprechen.

»Was siehst du, mein Kind?« fragte ihre Mutter, als sie ihrer Tochter das Bild zeigte.

»Ich sehe ein junges Mädchen, mit einem fest verschnürten Kleid, einer Schürze und einem Besen in der Hand.«

»Weißt du, an welchem Ort sie sich gerade befindet?«

»Ich weiß es nicht: Mauern und Steingewölbe und ein nackter Steinboden. Es kann kein schöner Ort sein.«

»Nein, ist es nicht. Es ist ein Gefängnis, und das junge Mädchen ist eine Königstochter.«

»Eine Königstochter!«

»Ja; und ihre Geschichte ist sehr traurig.«

»Bitte erzähl mir von ihr.«

»Vor vielen Jahren war Ludwig XVI. König von Frankreich. Seine Frau hieß Marie Antoinette. Sie waren zwar nicht böse, aber gedankenlos und liebten das Vergnügen.

So vergaßen sie ihre Pflicht, für das Wohl ihres

Volkes zu sorgen und gaben ihr Geld verschwenderisch für das eigene Vergnügen aus, während die ganze Nation litt.

Das Volk wurde unzufrieden; und als Ludwig und Marie Antoinette schließlich ihren Fehler erkannten, und versuchten ihr Verhalten zu ändern – da war es zu spät.

Das Volk, aufgewiegelt durch seine Führer, begann den König und die Königin zu hassen. Man nahm sie zusammen mit ihren beiden Kindern gefangen und sperrte sie in ein Gefängnis, der Tempel genannt.

Es war eine schreckliche Zeit in Frankreich und jeder, der im Verdacht stand dem König und seiner Familie freundlich gesonnen zu sein, kam ins Gefängnis und auf die Guillotine.

Die Gefangenen im Tempel verbrachten die Zeit, so gut sie konnten.

Jeden Tag unterrichtete der König seinen Sohn und seine Tochter, oder las allen etwas vor, während Marie Antoinette, Madame Elisabeth und die junge Marie Theresa nähten.

Nach einiger Zeit wurde der König von dem aufgebrachten Volk weggebracht und enthauptet.

Kurz darauf wurde der kleine Sohn von seiner Mutter, seiner Schwester und seiner Tante getrennt und unter der Aufsicht eines grausamen Gefängniswärters eingesperrt.

Am 16. Oktober 1793 wurde Marie Antoinette aufs Schafott gebracht. Ihre Tochter, Marie Theresa, blieb mit ihrer Tante, Madame Elisabeth, allein zurück.

Aber auch diese Gesellschaft wurde ihr nicht lange gewährt. Madame Elisabeth wurde fortgebracht und enthauptet. Nun war das arme Mädchen, gerade 16 Jahre alt, völlig allein in einem düsteren Gefängnis, bewacht und versorgt von brutalen Soldaten.

So führte sie eineinhalb Jahre lang ein erbärmliches Leben und wusste nicht, ob ihre Mutter und ihre Tante lebten oder tot waren.

Jahre später, schrieb sie über ihr Leben im Gefängnis: "Ich fragte nur nach dem Lebensnotwendigsten, und das wurde mir oft hart verwehrt. Doch war ich wenigsten in der Lage, mich sauber zu halten. Ich hatte Seife und Wasser und fegte jeden Tag mein Zimmer."

Du siehst also hier auf dem Bild eine Königstochter, die Enkelin einer Kaiserin (Maria Theresa von Österreich, eine der bemerkenswertesten Frauen der Geschichte), und sie fegt nach einer gründlichen Morgentoilette den nackten Steinboden ihrer Zelle.

Was meinst du, hat ihr die größte Befriedigung in diesen dunklen, traurigen Tagen gegeben: zu wissen, dass sie eine Königstochter war? oder Haushaltspflichten zu beherrschen, die sie wahrscheinlich gelernt hatte, als sie eine glückliche, beneidete Prinzessin war, in einem Palast lebte, und von einer großen Anzahl

Diener umringt war!«

»Ist das eine wahre Geschichte?«

»Ja, Emma, jedes Wort; und es gibt noch viel viel mehr, das ich dir jetzt nicht erzählen kann.«

»Was wurde denn aus ihr?«

»Sie wurde schließlich aus dem Gefängnis entlassen und nach Wien zu den Freunden ihrer Mutter geschickt. Aber es dauerte ein ganzes Jahr, bis sie wieder lächeln konnte; und obwohl sie siebzig Jahre alt wurde, vergaß sie nie die schrecklichen Leiden ihres Gefängnisdaseins.

Mein Kind, obwohl es manchmal sehr schön ist eine Prinzessin zu sein, kann es zu anderen Zeiten sehr schrecklich sein. Denk immer daran, mein liebes Mädchen: Es schadet nie zu wissen, wie man einen Haushalt führt, und ein junges Mädchen wird unter allen Umständen viel glücklicher und hilfreicher sein, wenn es das kann.«

Kinder verstehen nicht immer alles sofort; deshalb kann ich nicht sagen, dass Emma sofort am Staubwischen und Fegen Freude fand. Vergiss aber nicht: Am königlichsten ist die Frau, die ihre Weisheit und Kraft für das Wohl ihrer Mitmenschen einsetzt und vor keiner Aufgabe zurückschreckt, sondern sie fröhlich tut – und gut.

DAS ALTE HAUS

Es war sehr alt: Mit seinem niedrigen Dach stand es verwittert ein kleines Stück abseits der Straße. So trostlos sah es aus. Man hätte denken können, es sei verlassen – wäre da nicht die dünne Rauchsäule gewesen, die sich langsam über das Dach schlängelte.

Aber es war bewohnt und hätte man die knarrende Tür geöffnet, dann hätte man eine alte Frau gesehen. Verrunzelt und grau saß sie neben dem stillen Ofen und starrte in das eintönige Feuer oder schaute abwesend aus dem Fenster.

Es war Tante Rut Jonas, wie die Nachbarn sie nannten. Von ihr war wenig bekannt, außer dass sie eine seltsame alte Frau war – eine Art Einsiedlerin, die ganz allein in diesem verwahrlosten alten Haus lebte. Sie hatte es geerbt beim Tod ihrer Eltern vor etwa 30 Jahren mit dem kleinen Bauernhof nebenan.

Zuerst waren die Nachbarn neugierig auf die neue Bewohnerin. Es war eine große hagere Frau, damals etwa 34 Jahre alt, die nicht viel für einen Schwatz übrig hatte, schüchtern und kalt. Einige behaupteten, sie sei arrogant und andere sagten, dass ihr Leben ihr viel Enttäuschung gebracht habe. Aber niemandem ist es gelungen ihre Geschichte herauszubekommen und schließlich überließ man das alte braune Haus mit seiner Bewohnerin sich selbst.

Über die Jahre änderte sich vieles: Die Wände waren nun schwarz vom Ruß, die Fenster schmutzig, der Boden abgesackt; jede Fröhlichkeit war aus dem ungepflegten Zimmer und aus Tante Ruts Gesicht gewichen. Sich selbst überlassen, werden manche Menschen verschroben und steif, und so jemand war sie. Leider wurde ihr Herz enger und härter, durch ihr von den Menschen abgeschiedenes Dasein. Wer interessierte sich schon für ihre Freuden? – falls es denn welche gab – oder für ihren Kummer?

Als die Tage kamen und gingen, brachten sie ihr nichts als ein wenig Hausarbeit, ein bisschen Näh- oder Bastarbeiten und hin und wieder einen Gang in den Dorfladen, wo sie die wenigen Dinge kaufte, die sie zum Leben brauchte.

Schöne bunte Kleider, bohrende Blicke der Dorfmädchen, flüchtige Eindrücke von glücklichem Familienleben, die sie durch die Fenster einfing und die laute Bewegtheit des Lebens; zu deutlich trat der Gegensatz zu ihrem eigenen einsamen Los hervor. Sie war froh, wenn sie zurück an ihren stillen Feuerplatz eilen konnte, wo wenigstens die Katzen froh über ihre Anwesenheit waren. Schecki kannte ihren Schritt und drehte ihren Kopf ungeduldig nach den Maiskölbchen oder dem Eimer Dreckwasser – dem gewohnten Futter.

Die Hühner gackerten fröhlich und wichen kaum von der Fährte ab, als ihr Kleid ihre Federn streifte.

Diese Geschöpfe waren so etwas wie Freunde, und wenn es morgens frostig war, konnte man manchmal Tante Rut sehen, wie sie die gierig pickenden Hühner beobachtete, während sie ihr eigenes Frühstück noch nicht angerührt hatte und ihre Füße und Finger vor Kälte taub wurden.

Obwohl niemand ihr Herz oder Heim teilte, schien doch manchmal ein Sonnenstrahl in diese düsteren Wände: eine fragende Kinderstimme und goldiges Lachen.

Es war die kleine Betti. An einem Junitag, auf ihrem Weg zur Schule, überraschte ein plötzlicher Regenschauer das Kind und es suchte Schutz in diesem Haus.

Seitdem ging das fröhliche Mädchen mit strohblondem Haar und klaren Augen gerne zu dem verwahrlosten alten Haus, um mit Tante Rut zu plaudern.

Wenn sie die hüpfenden Schritte hörte und die Klinke sich neigte, kam ein Glanz in den verwelkten Augen auf und ein Lächeln auf den schmalen Mund.

Das Kind fand eine offene Tür zu dem einsamen Herzen. Kinder können das, weißt du, sie sind so »anders« – das bestätigen zumindest manchmal die alten weisen Leute.

»Was um alles in der Welt bringt dich dazu, diese alte Einsiedlerin zu besuchen?« fragte Elisa ihre Klassenkameradin eines morgens. »Birgit, unsre Haushälterin, sagt, sie ist sicher, dass diese hässliche alte Frau eine Hexe ist.«

»Hexe oder nicht, ich mag sie.« Betti zog ihren Hut

auf und rannte fort, hinter einem Eichhörnchen her, die Straße hinunter.

Betti behielt ihre Besuche bei. Die beiden saßen zusammen und unterhielten sich, bis Tante Rut ihre gehüteten alten Schätze zeigte, Kram aus früheren Zeiten, und ihre Geschichte bis ins Kleinste erzählte – bis Bettis Augen weit aufgerissen waren vor Staunen.

An diesem Wintermorgen, an dem wir sie nun antreffen, wie sie neben dem eintönigen Feuer sitzt und aus dem schmutzigen Fenster sieht, ließ Betti länger auf sich warten als gewöhnlich. Der Himmel ist bleigrau und der Wind flüstert den Schornstein hinunter und rüttelt an den Fensterflügeln.

Plötzlich späht Tante Rut aus dem Fenster. Sie sieht, wie ein leuchtendes Hütchen auftaucht und ein blauer Mantel. Das sorgfältig verpackte Etwas in Bettis Arm sieht sie nicht, denn sie beeilt sich, das Feuer zu schüren und den Ofen zu schrubben.

»Guten Morgen, Tante Rut. Ich war schon lange nicht mehr hier, nicht wahr?«

»Ja, eine lange Zeit für eine einsame alte Frau wie mich; aber dies ist kein Ort für fröhliche Kinder, ich weiß.«

»O doch, Tante Rut. Sag so was nicht. Ich komme sehr gerne. Aber Onkel Jakob ist sehr krank geworden; er bat Mama und Papa um Hilfe, da bin ich mitgegangen. Er wohnt so weit weg, dass ich dachte, wir würden nie ankommen. Und, Tante Rut, ich hab dir noch gar nicht erzählt ...« – und das pausbäckige Gesicht wurde ernst.

»Was ist los, mein Kind?« fragte sie, indem sie herumliegende Sachen vom Boden aufhob. Irgendwietat sie das immer, wenn Betti da war. Scheinbar ungewollt bewegten sich die Hände und schufen hier ein wenig Ordnung und dort ein wenig Sauberkeit. Für sie war das Zimmer gut genug, für das Kind schien es düster und musste ein bisschen erhellt werden. Dabei merkte Tante Rut gar nicht, wie sie zu einem besseren Leben gerufen wurde und wie eine Liebe zu Licht und Schönheit in ihrem schweren Herzen erwachte.

»Nun, ich sage es dir: Wir ziehen um. Ich finde es schrecklich, alle die Mädchen hier zu verlassen, wo ich doch gerade anfange sie zu mögen und dich auch, Tante Rut. Ich möchte überhaupt nicht weggehen!« Tränen rollten ihr die Wangen herunter.

»Du gehst weg? Mein kleines Mädchen geht fort?« fragte Tante Rut ernst.

»Ja, Mama sagte, wir können Pieps nicht mitnehmen, er wäre solch eine Last. Also habe ich das arme Vögelchen Ellen Schmidt gegeben«, erneut flossen die Tränen. »Carmen hat mein Kätzchen bekommen, nur für meine arme kleine Rose habe ich noch keinen Platz gefunden.

Schau mal«, sagte Betti, während sie zum Tisch ging und ihr Päckchen auspackte, »ist sie nicht schön? Du wirst sie aufbewahren, als Andenken an mich und dich immer um sie kümmern, nicht wahr, Tante Rut?«

Die kleinen Blüten waren prall und duftend und schienen der alten Frau barmherzig zuzulächeln.

»Ja, mein Kind, ich werde deine Rose pflegen; kein Leid soll ihr geschehen.« Das Pflänzchen schien ihre Gedanken fortzutragen, denn sie begann abwesend mit sich selbst zu sprechen. Dann rief sie sich aus ihren Träumen zurück und sagte: »Du gehst also fort und wirst die arme Tante Rut völlig vergessen mit so vielen neuen Freunden. Nun, das ist normal.« »Nein, nein, das werde ich bestimmt nicht«, sagte Betti und umarmte sie herzhaft, »und eines Tages werde ich kommen und dich besuchen.« Sie unterhielten sich lange, aber zuletzt, mit einem Abschiedskuss für Tante Rut und die geliebte Rose, war sie gegangen wie ein flüchtiger Sonnenstrahl.

Dann schienen die Schatten zurückzukehren zu der Bewohnerin des alten Hauses; aber als ihr Blick auf die kleine Blume fiel, begann sie einen Platz in der wärmsten Ecke für sie zu säubern, während sie vor sich hinträumte: »Genau solche Rosen trug ich zu der alten Steinkirche in Amsden, als ich nicht älter war als Betti. Es kommt mir vor wie gestern, aber, ach, ist so lange her. Wenn ich es wieder so machen könnte, wäre es vielleicht nicht so düster und einsam. Ich glaube, ich stelle die Rose hier ans Sonnenfenster, wenn das Kind irgendwann einmal kommt, wird sie sie vom Zaun aus sehen.« Sie holte einen kleinen Kiefernständer und stellte die Pflanze darauf. Während sie das tat, fiel ihr Blick auf das Fenster. »Meine Güte! Es sah noch nie so schmutzig aus.« Tante Rut bewegte sich mit neuem Leben, als sie die Scheibe putzte, nachspülte und polierte. Danach schien der alte Baumwollvorhang schäbiger als gewöhnlich, wie er so die saubere Scheibe beschattete; also wurde er abgenommen und ein anderer, besserer aus der Schublade geholt und an seiner Stelle aufgehängt.

Als sie am nächsten morgen ihr einsames Frühstück aß, stellte sie ihren Stuhl so, dass sie die Rose und das Fenster sehen konnte. Die Sonne schien und als die Strahlen durch den Raum auf die gegenüberliegende Wand fluteten, bemerkte sie die Spinnweben. An diesem Tag wurden die Spinnweben heruntergefegt, das andere Fenster geputzt und der Boden gewischt. Das alte Haus war seit Jahren nicht mehr so sauber und heiter gewesen.

Gegen Ende der Woche ging sie ins Dorf. Diesmal trug sie das dunkle Wollkleid anstelle des Kittels mit dem gelben Blumenmuster. Irgendwie störten sie die bunten Kleider und neugierigen Blicke nicht so sehr wie sonst. Ein freundliches Wort wurde mit einem Nachbarn gewechselt, mit dem sie seit Jahren nicht gesprochen hatte.

Ein fremdes Gefühl kam über sie – ein Gefühl, dass sie doch zu der großen Menschenfamilie gehörte, und der eisige Berg der Zurückhaltung begann ein klein wenig zu tauen. Nachdem sie ihre Einkäufe erledigt hatte, beschloss sie, einen anderen Weg nach Hause zu gehen. Dieser Weg führte an einer Kirche vorbei. Sie war erleuchtet, obwohl es noch früh war, und ein paar Gläubige hatten sich getroffen, um zu beten, bevor der Gottesdienst begann.

Gerade sangen sie, da traf sie eine Verszeile melodisch getragener Worte:

»Tief im Tale dunklen Kummers« und sie blieb stehen.

Gebannt hörte sie bis zum Ende zu und rührte sich

nicht von der Stelle. Erst als eine Gruppe junger Leute nah an ihr vorbeiging, schritt auch sie langsam weiter und vielleicht hätte man hören können, wie sie zu sich selbst sagte:

»Ach Rut, wo bist du? Dies Lied habe ich auch damals gesungen, dort in der gleichen alten Kirche, wohin ich die Rosen brachte. Nur, dass es Jahre später war. Ich habe auch immer gebetet. Ob Gott mich auch jetzt noch hören würde?«

In dieser Nacht und viele Nächte danach konnte sie nicht schlafen. Die Worte des Liedes klangen in ihren Ohren und brachten alte Bilder und Erinnerungen, da zerbrach die Mauer in der Tiefe ihrer Seele.

In der Dunkelheit tastete sie unsicher und schwach nach den alten Wegen und der gute Geist führte sie beständig zurück zum Licht.

Ich kann hier nicht den ganzen Weg erzählen, den sie kam. Ich weiß nur, dass langsam aber sicher, die Nacht verging und die Sonne des Friedens auf ihre Seele schien. Sie ging zu der Kirche, wo das Lied an jenem Abend ihre Schritte angehalten hatte, und hörte die Worte des Lebens.

Ihr Leben wurde ein Segen; denn ihr Wesen wurde weiter, tiefer und reiner. Die Kranken und Bedürftigen freuten sich, wenn sie kam und die kleinen Kinder rannten ihr entgegen.

Und Betti? Hielt sie ihr Versprechen?

Ja, an einem freundlichen Junitag tauchte eine kindliche Gestalt am Gartentor auf. Die blauen Augen schauten verdutzt umher. »Das ist nicht der Ort. Tante Rut muss fortgezogen sein.«

So dachte sie wahrscheinlich. Das Haus war sauber gestrichen, der Gartenzaun repariert und entlang des Weges blühten die verschiedensten Blumen. In diesem Moment entdeckte Betti eine sauber gekleidete alte Dame, die gerade den Wein hochband.

»Können Sie mir sagen, wo Tante Rut hingezogen ist. Sie hat ...« – Betti unterbrach sich und sprang mit einem Satz in die Arme der Frau. Es war Tante Rut selbst.

»Es ist so schön hier! Wie ist das alles passiert?« rief das erfreute Kind.

Tante Rut strahlte, nahm Betti an der Hand und ging in den freundlichen Raum und hinüber zum Sonnenfenster, wo die sorgfältig gepflegte Rose Schönheit und Duft verbreitete.

Betti tanzte geradezu vor Freude beim Anblick der Rose. Doch Tante Rut setzte das Kind sanft neben sich und erzählte ihr, wie alles gekommen war; wie die kleine Blume zuerst zu ihrem Herzen geflüstert hat von einer fernen Vergangenheit; von dem heiligen Lied, das sie nicht hatte schlafen lassen; und zuletzt, von Gottes gutem Geist, der so zärtlich ihre abgeirrten Schritte auf den sonnenvergoldeten Pfad des Friedens geführt hatte.

»Ein kinderloses Heim wirkt leer und unvollständig. Die Herzen der Bewohner stehen in der Gefahr egoistisch zu werden ... Viele sind körperlich, geistig und moralisch krank, weil ihr Denken fast ausschließlich um sich selbst kreist. Kinder mit ihrer gesunden Vitalität, ihrer Lebhaftigkeit und rastlosen Energie könnten ein heilsamer Ansporn für sie sein.« *(Glück fängt zu Hause an, 40)*

IM KLASSENZIMMER

Es war gerade Pause in Frau Kappers Schule. Die Mädchen standen in einer großen Gruppe zusammen und redeten sehr ernst miteinander.

»Ich finde es unverschämt«, sagte Martha, »dass sie mich eine ganze Stunde in der Ecke stehen ließ, nur weil ich ein paar Worte zu Nelly sagte.«

»Das finde ich auch«, riefen ein halbes Dutzend andere Stimmen.

»Es macht ihr Spaß, ihre Autorität zu zeigen«, sagte Lotti.

»Das stimmt. Sonst hätte sie Anna und mich nicht so lange abgefragt, weil wir ein oder zwei Rechenaufgaben nicht gewusst haben.«

»Findet ihr nicht auch, dass sie furchtbar unverschämt ist? Ich denke, wenn wir versuchen eine Strichliste über all ihre bösen Worte und Blicke zu führen, dann sind wir ganz schön beschäftigt.«

»Was für eine nette Idee! Ab jetzt machen wir jedesmal, wenn sie sich daneben benimmt, einen Strich auf unsern Schiefertafeln. Mal sehen wie lang die Strichliste wird.«

»O ja! Das machen wir! Ja! Jaaa!« riefen ein Dutzend Stimmen im Chor.

Arme Frau Kapper! Mit entmutigtem Herz bemerkte sie die lieblosen Blicke in den Gesichtern ihrer Schüler, als sie nach dieser stürmischen Beratung ins Klassenzimmer kam. Sie hatte heute Nachmittag starke Kopfschmerzen, so dass sie nicht im Ansatz so viel lächelte wie gewöhnlich; und die Mädchen, voreingenommen wie sie waren, fanden reichlich Gelegenheit, ihre Strichliste zu erweitern.

Ziemlich bald zeigte Lotti ihre Tafel mit einer langen Strichliste den andern. Anna tat es ihr nach; dann Nelly und in weniger als zwei Minuten folgte die ganze Klasse ihrem Beispiel. Dies führte natürlich zu einer Rüge von Frau Kapper. Als nächstes folgte lautes Bleistiftgeklapper. Dann ließ Martha ihre Tafel zu Boden fallen, kurz darauf fielen alle Tafeln auf den Boden.

»Liebe Mädchen«, sagte Frau Kapper streng, »ihr habt euch wohl zusammengetan, um die Schulregeln mit Füßen zu treten. Ich werde mit dem Abfragen erst weitermachen, wenn ihr wieder still und ruhig seid.«

Doch selbst das schien erfolglos zu sein. Die Mädchen waren nur ein paar Minuten still. Dann erinnerte sich Nelly, dass sie in ihrer Tasche eine Flasche Schnupftabak für ihre Großmutter hatte. Zehn Minuten später dröhnte das Klassenzimmer vom Geschniefe der Schülerinnen. Als nächstes flogen plötzlich auf mysteriöse Weise Papierbällchen kreuz und quer durchs Zimmer, während doch alle Mädchen ganz aufmerksam bei der Sache zu sein schienen. Schließlich führte ein halbunterdrücktes Kichern von Martha zu einem Echo von Mirka und eine nach der anderen stimmte ein, bis ein fast ohrenbetäubendes Gelächter ausbrach.«

»Es sieht so aus, als würde hier heute Nachmittag der böse Geist selbst sein Hauptquartier eingerichtet haben«, sagte Frau Kapper. »Es macht keinen Sinn mit dem Abfragen fortzufahren, wenn ich meine ganze Aufmerksamkeit brauche, um für Disziplin zu sorgen. Wir machen jetzt noch einmal eine Pause von 15 Minuten und solltet ihr dann euren Überschwang an Spaß und Freude nicht losgeworden sein, werde ich schnelle und deutliche Maßnahmen treffen, um euch zu helfen.«

Die Mädchen spürten leichte Gewissensbisse. Sie waren aber doch recht erfreut über den Erfolg ihres Experiments.

»Ich sage euch etwas«, sagte Martha, »Frau Kapper hat nicht das Recht, so schrecklich unverschämt zu sein. Denkt daran, was für eine lange Strichliste wir erstellt haben. Wir werden so weitermachen, wenn der Unterricht weitergeht. Dann muss sie uns nach Hause schicken und wir können an die Wasserfälle gehen und den Rest des Tages genießen.«

»Das wäre großartig«, sagte Nelly.

»Super!«, rief Mirka.

»Warum! Was ist los?«, fragte Maria, die erst jetzt in die Schule kam und von der Aufregung ihrer sonst so freundlichen Schulkameradinnen überrascht war. Als sie von der Sache erfuhr, schaute sie traurig: – »Arme Frau Kapper! Wieso behandelt ihr sie so!«

»Genau das hat sie verdient. Sie ist so unverschämt!«, sagte Lotti.

»Oh, ihr seht das von der falschen Seite, Mädels. Ich habe einmal die Geschichte einer Frau gehört, die an ihrer Schwiegertochter mehr und mehr Fehler entdeckte. Je mehr sie suchte, desto mehr fand sie, bis sie schließlich dachte, ihre Schwiegertochter sei die unangenehmste Person auf der Welt. Sie redete viel mit einer guten Freundin über ihr schlimmes Verhalten.

»Eines Tages sagte schließlich ihre Freundin zu ihr:

'Sicher hat Jane ihre Fehler, die echt unangenehm sind.

Aber probiere doch auch mal herauszufinden, was für gute Eigenschaften du in ihrem Charakter finden kannst. Ich bin wirklich neugierig, was dabei herauskommt.'

Die gute Frau war etwas verletzt von dem unverblümten Vorschlag ihrer Freundin, doch sie entschloss sich schließlich dazu, es zu versuchen. Noch bevor sie die Hälfte ihrer guten Züge entdeckt hatte, wuchs ihr Jane plötzlich sehr ans Herz. Jetzt habt ihr das gleiche gemacht wie diese Frau. Ihr habt nach Fehlern gesucht. Den Rest des Nachmittags wollen wir damit verbringen, nach schönen Dingen zu suchen. Mal sehen, wie oft Frau Kapper lächelt.«

Maria war die Älteste der Schulmädchen. Sie gab den Mädchen Themen für ihre Aufsätze und half ihnen bei Problemen. Weil sie sie alle sehr liebten, folgten sie wenn auch zögernd ihrer Aufforderung.

Frau Kapper läutete mit böser Vorahnung die Glocke. Die 15 Minuten waren um und sie fühlte sich gezwungen ihre Schülerinnen herbeizurufen. Sie kamen höchst diszipliniert herein. Jede setzte sich leise und fing an voll konzentriert die Aufgaben zu machen. Häufig lächelten sie die Lehrerin an, die zurücklächelte. Auf diese Weise wuchs die Strichliste für jedes Lächeln schnell an. Die Disziplin, die Konzentration und die freundlichen Blicke führten schon bald dazu, dass ein Dauerlächeln das Gesicht von Frau Kapper erhellte. Schließlich radierten die Mädchen ihre Striche weg. Es hatte keinen Sinn mehr, die Strichliste zu führen.

Martha schrieb auf ihre Tafel: »Es ist ein einziges Dauerlächeln.«

Bevor Frau Kapper den Unterricht am Abend beendete, sagte sie:

»Vor der Pause hatte ich unangenehme Kopfschmerzen. Ich fürchte, ich war ungeduldig mit euch. Euer gutes Verhalten nach der Pause hat mich jedoch überzeugt, dass ich daran schuld gewesen war. Danke, ihr Mädchen, dass ihr so lieb und freundlich wart. Hoffentlich vergebt ihr mir meine Fehler genauso wie ich eure. Der Unterricht ist zu Ende.«

Sofort wurde sie von allen Mädchen umringt und mit Küssen überschüttet.

»Wir waren sehr böse«, sagte Martha, »es ist überhaupt nicht Ihre Schuld.«

Klein Lieschen erzählte dann die ganze Verschwörungsgeschichte. Als sie an der Stelle angekommen war, wo Maria die Situation gerettet hatte, legte Frau Kapper ihren Arm um Maria, küsste sie und sagte: »Glückselig die Friedensstifter, denn sie werden Gottes Kinder heißen.«

»Nun, meine Lieben«, fügte sie hinzu, »was war am schönsten; nach bösen Blicken suchen oder nach strahlenden?«

»Nach strahlenden Blicken natürlich«, waren sich alle einig.

»Ich wünschte, ihr lerntet daraus für euer ganzes Leben. Überseht das Böse und sucht nach dem Guten in jedermann; dann werdet ihr helfen, sowohl euch als auch andere glücklicher und besser zu machen. Was habt ihr daraus gelernt, Mädels?«

Die Stimmen riefen im Chor: »Wir übersehen das Böse und suchen nur nach dem Guten bei allen, mit denen wir zu tun haben!«

DAS ERGEBNIS EINER LÜGE

Es war in einer Winterdämmerung. Schatten spielten im Zimmer. Das rubinrote Licht flackerte in dem altertümlichen Kaminbock.

Eine ehrwürdige alte Dame saß nachdenklich in einem Sessel, den man nahe ans Feuer geschoben hatte. Die Zeit hatte ihr Haar zwar versilbert, aber ihr Herz frisch und jung gelassen. Plötzlich öffnete sich die Tür und ein kleines Mädchen rannte herein.

»Na, Bessie«, fragte die alte Dame und legte ihre Hand liebevoll auf die sonnigen Locken des Kindes, »hat das Schlittenfahren Spaß gemacht?«

»Ja, es war schön, Tante Ruth; doch willst du mir nicht eine von deinen netten Geschichten erzählen?«

Bessie war ein Einzelkind. Ihre Mutter war vor kurzem gestorben. Das Mädchen war zu Besuch bei der Tante, welche sie sehr lieb gewonnen hatte mit ihrer gewinnenden und herzlichen Art.

Doch Tante Ruth hatte einen scharfen Blick. Schnell hatte sie entdeckt, dass Bessie mit der Wahrheit nicht nur leichtfertig umging, sondern auch wenig Einsicht zeigte, wenn man sie beim Lügen ertappte.

Nun, ein Wesenszug, der Tante Ruth besonders charakterisierte, war ihre unerschütterliche Liebe zur Wahrheit;

nichts ging ihr mehr gegen den Strich als die Unwahrheit.

»Ein Lügner soll bei mir kein Lügner bleiben«, war die Sprache ihres Herzens, und so beschloss sie, mit Gottes Hilfe, aus dem Charakter ihres Lieblings dieses schädliche Unkraut auszugraben, egal wie viel Anstrengung sie das kosten würde. Deshalb war sie so nachdenklich gewesen. Jetzt stand ihr Entschluss fest.

»Nimm deinen Schaukelstuhl, mein Schatz, und schieb ihn hier neben mich!« – nur wenige Augenblicke, dann schauten die blauen Augen des Kindes hinauf in ihre.

»Ich bin schon alt, Bessie.« Sie strich sich sanft über das schöne Haar. »Mein Gedächtnis lässt nach.

Doch ich erinnere mich an die Zeit, als ich ein kleines tanzendes, sonniggelocktes Mädchen war wie du. – Du schaust mich verwundert mit großen Augen an, doch wenn du am Leben bleibst, mein Kind, wirst du, bevor du es merkst, eine alte Frau sein, wie Tante Ruth.

In diesen jungen Tagen ging ich zur Schule in den Buchstabier-Unterricht mit einem kleinen Mädchen namens Amy – ein freundliches, empfindsames Kind. Sie war eine sehr gute Schülerin, schien immer an mir zu kleben, und ich konnte ihrer liebevollen Freundschaft schwer widerstehen. Trotzdem mochte ich sie nicht, weil sie im Unterricht oft als einzige besser war als ich.

Die arme Amy konnte meine zeitweilig abweisende Art schwer einordnen, denn ich war zu stolz, um ihr den Grund dafür zu erklären. Ich war ein Kind, Bessie, das die Wahrheit liebte, doch der Neid führte mich in Versuchung, und ich gab nach. Manchmal versuchte ich, die anderen Mädchen gegen Amy aufzuhetzen. So begann ich mit meiner Hinterlist. Sie war zu schüchtern, um sich zu verteidigen, so dass ich meistens mein Ziel erreichte.

Eines Tages sollten wir das Wort vertrauen buchstabieren. In ihrer gewöhnlich tiefen Stimme, buchstabierte Amy

'v-e-r-t-r-a-u-e-n, vertrauen'. Die Lehrerin hatte sie falsch verstanden und sagte: 'Falsch – die nächste.' Doch dann drehte sie sich noch einmal zu ihr und fragte: ‘Du hast doch t-r-a-u-n buchstabiert, nicht wahr?’

‘Nein, Mam, ich habe t-r-a-u-e-n buchstabiert.’

Frau R. zweifelte, schaute zu mir und fragte: ‘Du hast es gehört Ruth; was hat sie buchstabiert?’

Ein böser Gedanke kam mir: Ich könnte sie schlechtmachen und selbst als Bessere abschneiden. Absichtlich äußerte ich eine grobe Lüge: ‘Amy buchstabierte t-ra-u-n.’

Die Lehrerin drehte sich zu Amy, die meine Anschuldigung still, betrübt und verwirrt aufnahm. Sie wurde rot, ihr kamen die Tränen, was sie erst recht als die Schuldige erscheinen ließ.

‘Amy,’ sagte die Lehrerin streng, ‘ich hätte nicht gedacht, dass du lügst. Stell dich dort drüben an die Wand. Wir sprechen uns nach Schulschluss.’

Diesmal, Bessie, hatte ich triumphiert; Amy war blamiert und ich war die Beste in der Klasse, doch ich war nicht glücklich.

Als die Schule aus war, tat ich so, als ob ich etwas verloren hätte und hielt mich in der Vorhalle auf. Ich hörte die Lehrerin sagen, – ‘Amy, komm her,’ ich vernahm schwach die Fußtritte des freundlichen Kindes.

‘Warum hast du gelogen?’

‘Frau R, ich habe nicht gelogen.’ Obwohl sie es abstritt, konnte ich durch das Schlüsselloch erkennen, dass sie in ihrer Trauer über die Anklage und ihrer Furcht vor der Strafe zitternd wie eine Schuldige dastand.

‘Strecke deine Hand aus!’

Da stand ich nun, wie vom Donner gerührt. Schlag um Schlag hörte ich das harte Lineal auf die kleine weiße Hand des unschuldigen Kindes fallen. – Du magst wohl deine Augen von mir abwenden, Bessie. – Warum sprach ich nicht? Jeder Schlag traf mich im Herzen, doch ich wollte meine Sünde nicht bekennen und stahl mich leise von der Tür.

Als ich mich den Weg entlang schleppte, kam Amy langsam daher, mit ihren Büchern in einem Arm, mit dem andern wischte sie immer wieder die Tränen weg, die nicht versiegen wollten. Ihr Schluchzen schien aus einem gebrochenen Herzen zu kommen und senkte sich tief in mein eigenes.

Als sie weinend weiterging, stolperte sie und fiel hin, die Bücher verstreut auf dem Boden. Ich sammelte sie ein und gab sie ihr. Sie schaute mich an, ihre blassblauen Augen schwammen in Tränen, doch sie sagte mit freundlicher Stimme:

‘Danke schön, Ruth.’

Mein schuldiges Herz schlug schneller, doch ich wollte nicht sprechen; also gingen wir still nebeneinander her.

Als ich daheim ankam, sagte ich zu mir selbst: ‘Was soll’s, keiner weiß es, warum sollte ich mich so schlecht fühlen?’ Ich beschloss die verhasste Last abzuwerfen und ging in das gemütliche Wohnzimmer, unterhielt mich und lachte, als wäre nichts gewesen. Doch die Last auf meinem armen Herzen wurde nur um so schwerer.

Es war nicht nötig, Bessie, dass mich jemand für meine grausame Sünde tadelte. Das Auge Gottes schien mich zu verzehren. Je schlechter ich mich fühlte, desto ausgelassener schien ich zu werden. Mehr als einmal wurde ich für meine lautstarke Fröhlichkeit zurechtgewiesen, während mir die Tränen kommen wollten.

Schließlich ging ich auf mein Zimmer. Ich konnte nicht beten, also kroch ich schnell ins Bett und schloss energisch meine Augen. Doch der Schlaf kam nicht zu mir. Das Ticken der alten Standuhr schien jeden Moment lauter zu werden, als ob sie näher käme; und als sie langsam die Mitternachtsstunde verkündete, schlug es mir, als wäre es die Todesglocke.

Ich drehte mich hin und her auf meinem kleinen Kissen, doch es war voller Dornen. Diese lieben blauen Augen voller Tränen schauten mich ständig an; die wiederholten Schläge des harten Lineals drangen immer wieder an mein Ohr. Schließlich konnte ich es nicht länger ertragen, verließ mein Bett und setzte mich ans Fenster. Die vornehme Ulme stand friedlich im Mondlicht, der wie mit Bleistift gezeichnete Schatten ihrer breiten Zweige lag zitternd auf dem Boden.

Der weiße Zaun, die Kieswege, die völlige Stille, die alles einhüllte, schienen über meine Ruhelosigkeit zu spotten, während der feierliche Mitternachtshimmel mich mit einem Gefühl der Ehrfurcht erfüllte, das ich nie zuvor gekannt hatte. Ach Bessie, Gott war enttäuscht von mir, mein Gewissen war beschwert, ein mulmiges Gefühl. Mir war elend.

Als ich mich vom Fenster abwandte, ruhten meine Augen auf der schneeweißen Decke meines kleinen Bettes, einem Geburtstaggeschenk meiner Mutter. Ihre ganze geduldig Freundlichkeit wurde mir mit einem Mal bewusst. Ich fühlte ihre sterbende Hand auf meinem Kopf. Ich hörte noch einmal ihre zitternde Stimme, als sie eindringlich den Segen des Himmels für mich erflehte: –

‘Herr, mache sie zu einem wahrheitsliebenden, heiligen Kind!’

Ich versuchte, diese letzte Bitte meiner sterbenden Mutter aus meinen Gedanken zu verbannen; doch je entschiedener ich wurde, desto klarer sprach ihre Stimme zu meinem Herzen, bis ich gebeugt am Fenster stand, vom Weinen geschüttelt. Doch die Tränen, Bessie, gaben mir keine Erleichterung.

Mein Leidenskampf wurde jeden Augenblick stärker, bis ich schließlich fast starr vor Schreck ans Bett meines Vaters flüchtete.

‘Vater! Vater!’ doch ich konnte nichts mehr sagen. Zärtlich legte er den Arm um mich, lehnte meinen bebenden Kopf an seine Brust; und beruhigte mich sanft, bis ich mein Schluchzen soweit kontrollieren konnte, um den Grund zu erklären. Daraufhin betete er eindringlich zum Himmel, dass seinem sündigen Kind vergeben werde!

‘Lieber Vater,’ sagte ich, ‘wirst du mich noch heute nacht zu Amy begleiten?’

Er antwortete: 'Morgen früh, mein Kind.'

Der Aufschub war eine Qual; doch ich kämpfte meine Enttäuschung hinunter, mein Vater gab mir einen Kuss und ich ging zurück auf mein Zimmer. Aber der Schlummer floh immer noch vor meinen erschöpften Augenlidern.

Meine Sehnsucht, Amy um Verzeihung zu bitten, steigerte sich zum Wahn; und nachdem ich auf den Morgen schon – wie es mir vorkam – Stunden gewartet hatte, wurde meine Angst so unerträglich, dass ich noch einmal zu meinem Vater flüchtete. Die Tränen liefen mir die Wangen herunter, ich kniete an seinem Bett und flehte ihn an, mich sofort zu Amy zu begleiten.

Mit einem Flüstern setzte ich hinzu: 'Sie könnte sterben, bevor sie mir verziehen hat.' Er legte seine Hand auf meine heiße Wange, dachte einen Moment lang nach und sagte:

'Ich gehe mit dir, mein Kind.'

Wenige Augenblicke später waren wir unterwegs. Als wir uns Frau Sinclairs Landhaus näherten, sahen wir, wie Lichter von einem Zimmer ins andere huschten. Schaudernd vor Furcht, klammerte ich mich enger an meinen Vater. Er öffnete sanft das Gartentor, und wir traten leise hindurch.

Der Arzt kam gerade aus der Tür und war äußerst überrascht, uns zu dieser Stunde hier zu finden. Worte können meine Gefühle nicht beschreiben, als er auf die Fragen meines Vaters antwortete, dass Amy an einer Gehirnentzündung erkrankt sei.

'Ihre Mutter sagte mir,' fuhr er fort, 'dass es ihr schon seit Tagen nicht gut gehe, doch sie hätte unbedingt zur Schule gehen wollen. Sie kam gestern Nachmittag von der Schule heim, sehr verändert, wollte kein Abendessen, sondern saß still am Tisch, wie betäubt von Trauer.

Ihre Mutter versuchte alles, um den Grund für ihr Betrübtsein aus ihr herauszubekommen, doch vergeblich. Sie ging so gebrochen, wie sie ausschaute, zu Bett, und kaum eine Stunde später rief man nach mir. In ihrem Fieberwahn hat sie ihre liebe Freundin Ruth gerufen und mit kläglichem Ernst angefleht, sie solle sich doch erbarmen und sie retten.'

Bessie, ich hoffe, du wirst niemals nachfühlen können, wie diese Worte mein Herz durchbohrten! Meine ernste Bitte, Amy eine Minute sehen zu dürfen, richtete ich an ihre verwitwete Mutter. Freundlich nahm sie meine Hand – die Hand der Mörderin – und führte mich in das Krankenzimmer. Als ich auf die gute Leidende blickte, verließ mich jede Hoffnung.

Die Schatten des Todes waren bereits auf ihrer Stirn und ihren großen blauen Augen.

Ich kniete an ihrem Bett und flüsterte flehend, ernstlich bittend um Vergebung. Doch, als ich sie so anblickte, merkte ich, dass sie mich in ihrem Fieberwahn nicht erkannte. Nein, Bessie, ich sollte nie durch die Zusicherung ihrer Vergebung getröstet werden. Als ich Amy wieder sah, war sie eingeschlafen. Das freundliche Rot war von ihren Wangen gewichen, die marmorne Blässe geschmückt von ihren langen Augenlidern.

Der Fieberwahn war vorbei und das schmerzende Herz war still. Die kleine, weiße Hand, die sie zitternd aus gestreckt hatte, um die Schläge des strengen Lineals zu empfangen, lag nun mit der anderen sanft gefaltet. Nie mehr würden Tränen aus diesen freundlichen Augen fließen, nie mehr die Brust sich unter Trauer heben. Der Schlaf war der Todesschlaf!

Meine Trauer war wilder, wenn nicht tiefer, als die der Mutter, der ich ihren Schatz geraubt hatte. Sie vergab mir; doch ich konnte mir selbst nicht vergeben. Was für ein langer, langer Winter folgte. Durch mein Leiden zog auch ich mir ein Fieber zu. In meinem Wahn rief ich ständig nach Amy.

Doch Gott hörte die Gebete meines teuren Vaters und machte mich wieder gesund. Als die leichten Fußtritte des Frühlings auf dem grünen Erdboden zu sehen waren und die Frühblüher auf dem Grab von Amy aufgingen, durfte ich es zum ersten Mal aufsuchen.

In meinem Kopf schwamm es, als ich die Buchstaben las, die so sorgfältig auf dem weißen Grabstein eingraviert waren: Amy Sinclair, schlief am dritten September ein.

Ich kniete neben dem frischen Rasen nieder und betete, wie ich fest glaube, das Gebet des Vertrauens. Dort fand ich Erleichterung und auch Stärkung, Bessie«, endete Tante Ruth, als sie ihre Hand sanft auf den jungen Kopf legte, der auf ihrem Schoß lag.

Die Tränen der armen Bessie waren schon lange geflossen, und ihre Trauer schien außer Kontrolle. Ihre Tante versuchte nicht, sie zu trösten; denn sie hoffte, dass in dieser Trauer Heilung wäre.

»Bete für mich!« flüsterte Bessie, als sie schließlich durch ihre Tränen aufschaute und ihre Arme um ihre Tante legte und Tante Ruth betete aus vollem Herzen für das weinende Kind.

Diese Szene vergaß Bessie nicht mehr; denn in jener Dämmerungsstunde, dämmerte es ihr heller als am Morgen. Obwohl es Tante Ruth nicht ganz leicht gefallen war, diesen dunklen Schatten aus ihrer Vergangenheit hervorzuholen, fühlte sie sich nun doch tausendfach belohnt für ihr Opfer. Denn dieses liebe junge Antlitz, dessen Schönheit oft durch Täuschungsmanöver und Lügen entstellt wurde, erstrahlte nun zu klarem Licht einer entschlossenen Wahrheitsliebe, die in dieser Stunde in ihrem Innern geboren wurde.

ZWEI ARTEN DIE BIBEL ZU LESEN

Noch ein Kapitel, liebe Lilian?« fragte Katja ihre bettlägerige Cousine. Erst kürzlich war sie aus Hampshire eingetroffen, um sie zu pflegen.

»Nicht jetzt, danke; meine Gedanken sind müde«, war die Antwort.

Katja schloss ihre Bibel ein wenig enttäuscht. Sie wusste, dass Lilian langsam an einer unheilbaren Krankheit zugrunde ging, und was könnte da hilfreicher sein, als der Sterbenden ständig aus der Bibel vorzulesen? Lilian könnte sicher zuhören, wenn sie zu schwach ist, um selbst zu lesen.

Katja fühlte sich nie wohl, wenn sie nicht jeden Tag zwei oder drei Kapitel in der Bibel las, neben einem Abschnitt aus den Psalmen. Sie hatte die Bibel schon mehrmals durchgelesen. Jetzt lag hier Lilian, die nicht mehr lange auf Erden zu leben hatte, und schon nach einem kurzen Kapitel war sie müde!

»Irgend etwas stimmt hier nicht«, dachte Katja, die nie in ihrem Leben auch nur einen Tag wegen Krankheit im Bett verbracht hatte. »Ist das nicht traurig, wenn die Sterbende Gottes Wort nicht schätzt?«

»Lilian«, sagte sie, und versuchte ihren von Natur aus schnellen, scharfen Tonfall mit Freundlichkeit sanft zu machen, »ich denke, jetzt, wo du so krank bist, könntest du besonderen Trost in den Heiligen Versen finden.«

Lilians müde, geschlossene Augen, öffneten sich. Mit sanftem, ernsten Blick schaute sie ihre Cousine an. Sie sagte: »Ja, das stimmt – sie tragen mich. Ich zehre schon den ganzen Morgen an einem Vers.«

»Und welcher Vers ist das?« fragte Katja.

»'Ich selbst werde ihn sehen,'« begann Lilian langsam; doch Katja fiel ihr ins Wort –

»Ich kenne diesen Vers genau – er steht in Hiob, und zwar direkt hinter: »Ich weiß, dass mein Erlöser lebt'. Der Vers heißt: »Ich selbst werde ihn sehen, meine Augen werden ihn schauen, und keinen andern.'« (Hiob 19,25.27)

»Was verstehst du unter dem Ausdruck 'keinen andern'?« fragte Lilian.

»Ich habe darüber nie wirklich nachgedacht«, antwortete Katja. »Hast du irgend eine besondere Bedeutung dieser Worte entdeckt?«

»Erst fand ich sie schwierig«, erwiderte die Bettlägerige, »bis ich zufällig las, dass sie in der deutschen Übersetzung etwas anders wiedergegeben sind; dann schaute ich in meiner eigenen Bibel nach und fand heraus, dass die Wiedergabe in der Anmerkung der deutschen Übersetzung entspricht.«

»Ich schaue mir nie die Anmerkungen an«, sagte Katja, »obwohl ich eine große Bibel mit Anmerkungen habe.«

»Mir helfen sie sehr, wenn ich Vers mit Vers vergleiche«, bemerkte Lilian.

Katja schwieg ein paar Sekunden. Jeden Tag hatte sie gewissenhaft ihre Kapitel in der Bibel gelesen; doch sie war nie auf die Idee gekommen, etwas anzustreichen, zu lernen und zu verinnerlichen. In etwas zurückhaltenderem Tonfall fragte sie nun ihre Cousine: »Welcher Ausdruck steht in der Anmerkung von diesem schwierigen Vers anstelle von 'keinen andern'?«

»*Keinen Fremden*«, erwiderte Lilian. Dann faltete sie ihre Hände und wiederholte den ganzen Abschnitt, von dem ihr ganzes Wesen mit stiller Wonne gezehrt hatte: »Ich selbst werde ihn sehen, meine Augen werden ihn schauen, und keinen Fremden.'« (vgl. Elberfelder)

»Ach Katja«, fuhr das sterbende Mädchen fort, während ihr ungewollt die Tränen kamen, »wenn du nur wüsstest, wie viel Geborgenheit ich schon den ganzen Morgen in diesem Vers gefunden habe, während ich große körperliche Schmerzen habe! Ich wandere durchs finstere Tal (Psalm 23) und werde bald den dunklen Fluss überqueren; ich weiß: Doch er ist bei mir und *kein Fremder*. Er ist der gute Hirte und ich kenne seine Stimme; einem Fremden würde ich nicht folgen.

»Nun«, fuhr Lilian fort, »am frohen Auferstehungsmorgen, ist es der Herr Jesus, den ich schauen werde – mein eigener Heiland, mein eigener treuer Freund und nicht ein *Fremder*. Ich werde ihn schließlich sehen, den ich geliebt habe, ohne ihn zu sehen.«

Lilian schloss ihre Augen wieder und dicke Tränen liefen ihr die blassen Wangen hinunter; sie hatte zu lange geredet für ihre Kräfte, doch ihre Worte waren nicht umsonst gesprochen.

»Lilian hat mehr Trost und Nutzen aus einem Vers gezogen – nein aus drei Worten in der Bibel, als ich aus dem ganzen Buch«, überlegte Katja. »Ich habe die Heilige Schrift nur gelesen, – sie hat sie durchforscht. Ich war wie eine, die sorglos oben auf dem Wasser über die Stelle hinweg treibt, wo die Perlen liegen; Lilian ist tief hinunter getaucht und hat den Schatz geborgen.«

HÖFLICH ZU FREMDEN

Wer war das stille Mädchen, das letzten Sabbat recht spät zur Gemeinde kam?«, fragte ich eine meiner Freundinnen, ein aktives Glied in der Gemeinde, zu der ich gehörte.

»Hat sie ein gestreiftes Halstuch und ein dunkles Kleid getragen?«, erkundigte sich meine Freundin. »Dann war es Anni Linton. Sie ist Näherin im Geschäft von Herrn Braun.«

»Ich habe nicht genau auf ihre Kleidung geachtet«, antwortete ich, »aber ihr Gesicht zog mich an; ich würde es unter tausend Gesichtern wiedererkennen. Wie konntest du an dieser Fremden so gleichgültig vorbeigehen, Schwester Greyson? Ich habe erwartet, dass du sie einlädst zur Sabbatschule zu bleiben und mit uns in die Bibelklasse zu gehen, aber du hast sie nicht einmal angeschaut?«

»Ich habe nicht daran gedacht. Wahrscheinlich hätte sie die Einladung auch gar nicht angenommen. Sie ist nicht von hier und wird sicherlich nicht lange in der Stadt bleiben«, erwiderte meine Freundin schnell, um sich zu rechtfertigen.

Ich sagte nichts mehr, denn Schwester G. war wirklich eine wunderbare christliche Frau, mit dieser einen Schwäche

– Unachtsamkeit – die sie manchmal zu groben Fehlern verführte.

Doch ich musste immer wieder an dieses fremde Mädchen denken. Ihre großen, dunklen Augen und das anmutig geformte Gesicht deuteten auf außergewöhnliche Intelligenz hin. Irgendwie hatte ich den Eindruck, dass – sollte sie noch nicht Christin sein – sie sich danach sehnte. Es schien mir, als hätte sie die Gemeinde nur zögerlich verlassen und hätte noch halbwegs darauf gewartet, dass man sie zur Bibelklasse einlädt.

Am nächsten Sabbat kam sie wieder und setzte sich auf denselben Platz, direkt vor mich. Sie senkte ihren Kopf ehrfürchtig während des Gebets, und einmal während der Predigt, sah ich, wie ihre Lippen bebten und eine Träne in ihr Auge trat.

Der Gottesdienst war zu Ende und die Fremde verhielt sich wieder noch etwas unschlüssig. Meine Freundin, die gute Schwester G., vergaß wieder, das Mädchen anzusprechen. Sie ging langsam aus der Kirche und kam nicht wieder.

Ich dachte, sie hätte bereits die Stadt verlassen, da ich ihr mehrere Tage nicht begegnet war. Doch eines Sabbats, als ich in einer anderen Gemeinde den Gottesdienst besuchte, sah ich sie wieder. Sie schien mir ein wenig entspannter und lächelte still vor sich hin. Nach dem Gottesdienst sah ich, wie viele das fremde Mädchen anlächelten. Jetzt wusste ich des Rätsels Lösung. Ich verstand, warum so ein anderer Ausdruck in ihrem Blick lag. Durch ein paar Erkundigungen erfuhr ich, dass sie dieser Gemeinde beigetreten war und ernst und aktiv bei allen Arbeiten mitwirkte.

Ich erfuhr auch, dass sie, kurz bevor sie in unsern Ort zog, zum Glauben gekommen war und dass sie eine außergewöhnlich glückliche Erfahrung gemacht hatte. Wie viel die Gleichgültigkeit unsrer eigenen Leute damit zu tun hatte, dass sie sich einer anderen Ortsgemeinde anschloß, weiß ich nicht.

Mehrere Jahre sind seit diesem Ereignis vergangen, doch ich habe es nie vergessen. Viele Hände von Fremden habe ich gedrückt, und habe dabei immer an Anna Lintons hübsches Gesicht gedacht.

Ich war damals noch jung im Glauben und diese Lektion hat mir viel gebracht.

Sprich mit dem Fremden, mein christlicher Freund! Sei dir sicher, dass Gott dich segnen wird, wenn du dich bemühst Sonnenschein, Freude und Freundschaft in die Herzen anderer scheinen zu lassen – auch wenn sie Fremde sind.

JENNIE BRAUN

Das Licht eines schönen Sabbats verlosch schnell, die letzten goldenen Schimmer fielen weich auf die Gestalt eines brünetten Mädchens, die am Fenster eines Landhauses saß, den Kopf auf die Hand gestützt, gedankenversunken.

Die Sonne war schon gegangen – wie eine majestätische Königin, die hinter sich einen Schleier von Purpur und Gold herzieht, schöner als ihr eigener Glanz. Doch das Mädchen sah diese Schönheit nicht. Sie dachte an die Geschichte, die sie in dem Sabbatschulheft gelesen hatte, – die Geschichte über das Leben eines Kindes; und sie fragte sich, ob das, was sie gelesen hatte, wirklich geschehen war.

Jennie bewegte mit sorgenvollen Gedanken die Frage, die das Lesen des Heftes aufgeworfen hatte. Scheinbar war die Antwort nicht leicht, denn ihr Gesicht wurde immer umwölkter, bis sie sich schließlich entschloss, die Hilfe eines weiseren Geistes zu suchen.

Zum Glück wusste Jennie, dass sie mit ihren Problemen zu ihrer Mutter gehen konnte. Diese würde eine Lösung haben. Sie setzte sich in den Schaukelstuhl neben ihre Mutter und sagte:

»Mama, kannst du mir helfen?«

»Nun, meine Liebe, was gibt es?«

»Ich habe gerade mein Sabbatschulheft gelesen, lauter schöne Dinge über ein nettes Mädchen, das allen Leuten nur Gutes tat. Ich frage mich, warum Mädchen in Büchern immer so viele Gelegenheiten zum Gutestun haben, Mädchen wie ich, die nicht in Büchern vorkommen, solche Gelegenheit aber überhaupt nicht bekommen?«

»Überhaupt nicht?« fragte die Mutter. »Stimmt das wirklich?«

»Nun, nicht ganz, wahrscheinlich«, sagte Jennie. »Wenn aber, dann sind es winzige Dinge. Richtig große Gelegenheiten gibt es für wirkliche Mädchen wie mich jedenfalls nicht.

Susi Chrystie in der Geschichte ging mit ihrer kleinen Schwester May spazieren. Als sie über eine Brücke liefen, machte sich May von Susis Hand los und wollte so nah wie möglich an der Kante laufen. Doch schon nach einem

Augenblick rutschte ihr Fuß weg, und sie wäre ins Wasser gestürzt, wenn nicht ihre Schwester im rechten Moment gesprungen wäre und gerade noch ihr Kleid packen konnte, um sie in Sicherheit zu bringen.

Stell dir vor, Mama«, sagte Jennie mit weit aufgerissenen blauen Augen, »Susi Chrystie hat das Leben ihrer kleinen

Schwester gerettet. War das nicht eine große Tat?«

»Ja, meine Liebe, das war mutig von ihr. Eine ältere Person wäre wahrscheinlich zu ängstlich gewesen, um schnell genug zu reagieren. Wenn du aber immer Ruhe behältst und niemals schreist, sobald dich einmal plötzlich die Angst überfällt, wirst du auch schnell überlegen können, wie du dir und anderen am besten helfen kannst.«

»Aber Mama, du weißt, dass mir nie etwas passiert. Außerdem habe ich weder eine kleine Schwester noch einen kleinen Bruder.«

»Das macht nichts, mein Kind, wenn du alles, was du kannst, sorgfältig machst und fröhlich gehorchst, auch wenn du mal nicht siehst warum, wirst du deinem himmlischen Vater und mir Freude machen. Vielleicht wirst du dann eines Tages die Gelegenheit bekommen, etwas Mutiges zu tun.«

Jennies Gesicht strahlte, wie immer, wenn sie ihre Sorgen mit ihrer Mutter geteilt hatte. Viele Tage wartete sie angespannt darauf, dass doch etwas geschehen möge. Und so kam es dann auch. Eines Tages war ein Brief von Jennies Tante, Frau Graham, im Kasten. Hierin kündigte sie ihren Besuch bei ihrer Schwester an. Sie würde den kleinen zweijährigen Willie mitbringen. Natürlich waren sie willkommen und Jennie hatte große Freude am Spiel mit ihrem Cousin. Er war ein goldiger Kerl, doch auch ziemlich eigenwillig. Am meisten genoss er es, zwei stämmige Händchen in Jennies dichtes, braunes Haar zu stecken und mit voller Kraft zu ziehen.

Natürlich war das nur ein kurzlebiges Vergnügen, wenn eine ältere Person in der Nähe war, doch waren sie alleine, ertrug Jennie den Schmerz geduldig, bis sie den kleinen Kerl behutsam zum Loslassen bewegen konnte.

Sie sagte kein gereiztes Wort zu ihm und als die Amme ungeduldig meinte, »Miss Jennie, ich wundere mich wirklich, dass sie dem Kleinen nicht einfach eines auf die Finger gebe!« da antwortete sie überzeugt: »Ach nein, er ist doch noch so klein.«

Allerdings war Jennie nicht vollkommen und obwohl sie meistens das Rechte tun wollte, spürte sie manchmal – wie der Rest der Welt auch – das Verlangen, bewusst das Falsche zu tun.

Eines hellen Nachmittags, als sie im Hof spielte, rief ihre Mutter sie:

»Deine Tante und ich müssen mal eben zum Bahnhof fahren, um den Onkel und deinen Vater abzuholen. Ich möchte gerne, dass du still ins Kinderzimmer gehst und dort bleibst, bis Maggie von ihren Besorgungen zurückkehrt. Es dauert nicht lange.«

»Aber Willie schläft fest, Mama, er braucht mich nicht«, sagte Jennie, die gerne draußen bleiben wollte.

»Ja, Liebling, ich weiß. Aber uns ist wohler bei dem Gedanken, dass jemand im Zimmer ist, auch wenn er schläft; es könnte etwas passieren, wenn er alleine ist.«

Jennie jedoch ging es so gegen den Strich, still im Haus zu sitzen, dass selbst diese netten Worte sie nicht überzeugen konnten. Mit langsamen Schritten und mürrischem Gesicht befolgte sie Mutters Wunsch.

Sie wusste nur zu gut, dass es in diesem Fall ein Leichtes war zu gehorchen und obwohl sie sonst sicherlich nichts dagegen gehabt hätte, schien es jetzt, wo sie so gerne etwas anderes getan hätte, so schwer, ihren Willen aufzugeben.

Ihr Gewissen plagte sie ebenso, denn es sagte die ganze Zeit: »Ich schäme mich für dich, Jennie Braun! Kannst du nicht deiner lieben Mama einen Gefallen tun, obwohl du eigentlich etwas anderes vorhattest?« Es war alles so ermüdend, und sie wünschte, tun zu können, wozu sie Lust hatte.

Solche Gedanken zogen durch Jennies Kopf, als sie im Kinderzimmer stand und aus dem Fenster schaute; plötzlich schreckte sie auf durch den strengen Geruch brennender Wolle.

Schnell drehte sie sich um und erstarrte fast vor Angst, als sie sah, dass direkt vor ihr eine kleine Flamme auf dem Teppich vor dem Kamin flackerte, und das unweit der Wiege, in der Willie schlief. In einem Augenblick folgte jedoch dem Gedanken: »Was soll ich tun?« die Erinnerung an die Worte ihrer Mutter:

»Sollte dein Kleid einmal Feuer fangen, ersticke es sofort; renne niemals fort, sondern wirf dich zu Boden oder wickel dich in irgend etwas ein.«

Hastig schnappte sie das eine Ende des Vorlegers – er war groß und schwer – und warf ihn auf die Flamme. Dies löschte diese beinahe aus, denn sie hatte erst zu flackern begonnen, als Jennie sie erblickte; doch in ihrem Eifer riss sie das Bettlaken und die Decke herunter, warf sie darauf, obendrauf zwei große Kissen, auf die sie sich dann noch selbst setzte. Denn mittlerweile war sie so verwirrt, dass sie nicht mehr wusste, ob es der Teppich war, der Feuer gefangen hatte, oder ihr eigenes Kleid.

Jetzt sehnte sie sich nach jemandem und begann zu schreien, weil sie nicht wagte, sich zu bewegen. Das weckte Willie auf, der seine Stimme zu dem Aufruhr hinzufügte, so dass schon bald das verstörte Kindermädchen zur Rettung herbeieilte.

Nach kaum einer Stunde kam die Kutsche zurück und Jennie wurde mehr geküsst und gepriesen als je zuvor in ihrem glücklichen Leben, von ihren Eltern, von Tante und Onkel; denn sie sahen schnell, was geschehen war, und zitterten, bei dem Gedanken an das, was hätte geschehen können.

Als Frau Graham sich zu Jennie herunterbeugte, um ihr einen Gutenachtkuss zu geben, flüsterte sie: »Gott segne dich, meine besonnene, kleine Nichte, denn du hast heute das Leben deines Cousins gerettet!« »Warum? Hab ich das wirklich?« dachte Jennie. »Wie froh bin ich; denn wenn ich nicht dagewesen wäre, hätte die Wiege Feuer gefangen und das wäre schrecklich gewesen!«

Als ihr die Erinnerung die Szene deutlich vor Augen malte und sie daran dachte, wie ihr Gewissen sie förmlich ins Zimmer geschoben hatte, wurde sie schamrot und sagte leise: »Ich werde nie mehr gegen mein Gewissen kämpfen, denn hätte ich mir meinen Willen gegönnt, hätte ich das Leben des armen Willie niemals retten können.«

ANNAS SCHWIERIGKEIT

Eines Tages kam Anna von der Schule nach Hause. Ihr stets fröhliches Gesicht sah heute wie drei Tage Regenwetter aus, und sie schien beinahe in Tränen auszubrechen. Außer den Einen, an den sie immer zu denken versuchte, hatte sie noch eine andere Vertrauensperson, der sie ihre Problemen anvertraute. An sie wandte sie sich auch jetzt – ihre beste irdische Freundin.

»Mutter, ich denke, es ist wirklich gemein und unverschämt von den Bäckers, dass sie mich übergehen. Sie haben fast alle Mädchen aus unserer Klasse einladen. Ich möchte mir eigentlich nichts daraus machen, aber ich schaffe es einfach nicht. Wer wird schon gerne übergangen?«

»Natürlich niemand, meine Tochter«, sagte Frau Müller. »Es tut weh, wenn man schlecht behandelt wird. Warum denkst du, haben sie dich nicht eingeladen?«

»Weil sich die Bäckers einbilden, sie wären etwas Besseres als wir, Mutter. Die Mädchen tragen bessere Kleider als ich und haben mehr Fähigkeiten. Außerdem müssen wir arbeiten, um unseren Lebensunterhalt zu verdienen, sie nicht. Aber Mutter, ich bin sicher genauso klug und gebildet wie sie. Ich ertrage das nicht, Mutter.«

»Das ist sicher unangenehm, Anna. Denk noch mal nach, bevor du sagst, du kannst es nicht aushalten.«

»Aber Mutter, wer kann das schon? Außer dir doch niemand. Nur du hast irgendwie eine Art mit Schwierigkeiten umzugehen oder sie durchzustehen.«

»Ich habe wesentlich mehr Lebenserfahrung als du. Trotzdem wäre es gut, wenn du es dir noch mal überlegst. Vielleicht gibt es doch einen Weg für dich, diese kleine Last zu tragen.«

»Ja, ja, Mutter, das sagst du immer, und es stimmt natürlich auch. Aber ich weiß nicht, wie das geht. Wie können christliche Gefühle und Taten mir meine negativen Gefühle nehmen, wenn mich andere übergangen oder schlecht gemacht haben.«

»Vielleicht geschieht das nicht. Manchmal habe ich den Eindruck, dass man viel sensibler wird, sobald man das bessere Leben führt. Ein Christ, der seinen Charakter bis hin zur vollkommenen Liebe und Herrlichkeit formen möchte, erwartet auch oft dasselbe von anderen. Werden seine Erwartungen dann nicht erfüllt, empfindet er einen starken Schmerz. Häufiger aber empfindet er diesen Schmerz darüber, dass Gottes gerechte Grundsätze verletzt werden, nicht seine eigenen Gefühle. Was fällt dir schneller ins Auge, was dich verletzt oder was Gott verletzt?«

»Ich habe nie ernsthaft darüber nachgedacht. Es ist einem natürlich unheimlich, wenn man Unrecht beobachtet, doch das hier ist ein völlig anderes Gefühl, man schämt sich und fühlt sich ungerecht behandelt.«

»Mein Liebling«, sagte Frau Müller, »wenn du Gottes Liebe so kennen gelernt hast, dass du nur den Frieden, die Freude und den guten Ruf möchtest, auf die sein Gesetz hinzielt, dann wirst du das besser verstehen. Dann wirst du Scham und Unrecht sicher auf andere Weise empfinden.«

»Aber Mutter, darf man denn nicht verletzt sein, wenn man ungerecht behandelt wurde, wenn man verletzt oder übergangen wird?«

»Doch. Aber wenn wir uns ein wenig genauer mit Gottes Geboten beschäftigen oder mit dem gesunden Menschenverstand, dann dürften wir nicht so leiden. Was steckt dahinter, dass dich das Verhalten der Bäckers so verletzt hat? Mindert diese Beleidigung deinen wahren Selbstwert in irgendeiner Weise? Schätzen dich andere deswegen weniger?«

»Nein, das nicht, Mutter – ich glaube nicht. Ich werde genauso geschätzt wie sie. Mir gefällt aber nicht, dass es so aussieht, als ob ich unter ihnen stehe, weil ich nicht so reich bin und nicht so – was weiß ich.«

»Mein Schatz, ich glaube, wir haben darüber schon gesprochen und vor langer Zeit verstanden, dass wir keine Stellung und keine Beziehung wünschen, die Gottes Gebote oder der gesunde Menschenverstand nicht bejahen.

Ein Christ handelt aus Prinzip immer wahrhaftig und richtig. Er erfüllt seine Aufgabe in Arbeit und Gesellschaft bereitwillig und gut. Wir wollen weniger darüber nachsinnen, was andere über uns denken, als darüber, was wir wirklich sind. Wir wollen nach außen hin nur das tun, was wir innen sind, während wir ständig zu dem hinaufblicken, was besser, schöner und weiser ist.

Ich habe noch nie eingesehen, dass ein Christ anderen so über- oder unterlegen sein soll, wie du es meinst. Seine Beziehungen zu anderen sind oder sollten so wie bei Jesus sein, als er auf der Erde war. Jesus war unendlich einzigartig und schön, aber auch unendlich demütig. Weder bevorzugte noch vernachlässigte er einen Menschen jemals um seiner selbst willen. Er führte, erfüllt von Göttlichkeit, sein Leben des Leidens und der Liebe, ohne sich um seine Stellung und Beliebtheit zu kümmern. Ich sage zwar, er bevorzugte niemanden, muss aber zugeben, dass er den Lieblingsjünger Johannes, die Familie in Betanien und einige andere um ihrer selbst willen liebte, mit einer persönlichen, menschlichen Art der Zuneigung.«

»Mutter, dürfen wir uns anderen etwa nicht um ihrer selbst willen zuwenden oder aufgrund von persönlicher Zuneigung?«

»Doch, sicher. Aber nur solchen, die gute Grundsätze haben und ein aufrechtes Leben führen. Zu anderen sei höflich und großzügig. Gestatte ihnen aber auch, so wenig Interesse für dich zu zeigen, wie du sie denen zeigst, für die du keine besondere Vorliebe hast. Jeder Mensch hat das Recht, seine Freunde auszusuchen. Jeder andere, den er nicht bevorzugt, sollte genug Würde haben und ein ausreichend großes Herz, um deswegen nicht gekränkt zu sein.

Wahrscheinlich irrst du dich, was die Bäckers anbetrifft. Wenn sie dich nicht um deiner selbst willen bevorzugen, ist das in Ordnung. Gestehe es ihnen zu, so wie du dir selbst vorbehältst, manch anderen nicht einzuladen, der vielleicht bei dir dasselbe Gefühl hat, wie du bei den Bäckers. Und noch etwas, Anna. Wenn Bäckers nach anderen Prinzipien leben als du, und Freundschaften aus anderen Gründen schließen als du, warum solltest du überhaupt ihr besonderes Interesse wünschen? Eine Freundschaft, die auf Reichtum, Rang oder Angeberei gründet, ist allerhöchstens auf Sand gebaut.

Irdische Vorteile garantieren kein Glück. Achte nur darauf, dass alles, was um dich her edel, schön und gut ist, in dir weiter wächst und sich entfaltet. Dann wirst du das richtige Ansehen finden, ohne extra nach ihm zu suchen. Die Liebe und Anerkennung der Gutherzigen und Aufrichtigen wird dir zuströmen. Das ist doch genau das, was du dir von einer Freundschaft wünschst, nichts mehr.

Die Hälfte aller unzufriedenen und verletzten Gefühle der Menschen in der Welt kommt daher, dass sie nach etwas streben, wofür sie gar nicht geeignet sind. Die Menschen haben weder die Würde noch die Demut den

Platz einzunehmen, den Gott in seiner Vorsehung für sie bestimmt hat. Statt sich von dort aus weiterzuentwickeln, indem sie anständiger und besser werden, versuchen sie etwas zu scheinen, was sie nicht einmal zur Hälfte sind.

Der wahre Christ wird sich nur den Namen und den Ruf wünschen, der seiner Güte und seinem Talent entspricht. Indem er, wo immer er ist, ein anständiges Leben führt, erfüllt er jede Aufgabe und jede Position lobenswert und gut. Mit Falschheit hat er nichts am Hut. Er kann es sich leisten, immer so zu sein, wie er in Wirklichkeit ist. Ihm reicht die Liebe und Zuneigung, die er je nach seinem wahren Wert bekommt.«

»Aber, Mutter, mehr wollte ich ja auch nie. Die Bäckers wissen, dass ich ihnen in der Schule ebenbürtig bin. Das müssen sie doch respektieren.«

»Vergiss nicht, dass sie ein Recht auf eine freie Entscheidung haben. Willst du als Christin beleidigt sein, weil du von feinen Leuten nicht hofiert wirst? Kannst du diese Beleidigung nicht herunterschlucken? Ist sie denn für dich wirklich so schwer zu ertragen, dass du immer wieder an sie denken musst?

Weißt du, Tochter, Christen sehen solche Dinge nur im Licht von Jesu Leben, das sich in ihren Herzen spiegelt, in allen ihren irdischen Beziehungen und auf dem Weg, der sie zur Quelle des Lichtes, der Wahrheit und der Gerechtigkeit führt. Denk darüber nach und sag mir morgen, ob du es ertragen kannst, von Bäckers übergangen worden zu sein.«

* * * * * * * * *

»Na, Anna«, sagte Frau Müller am nächsten Tag, »bist du zu einem Entschluss gekommen?«

»Also wirklich, Mutter«, sagte Anna, »du verstehst es fabelhaft, den unangenehmsten Dingen den Stachel zu nehmen. Ob ich mich wohl jemals so verändere, dass ich mich nicht mehr um mich selbst drehe?«

»Das hängt davon ab, wie eng du mit Gott verbunden bist. Wenn du das wahre Leben Jesu führst, kann dir nichts dergleichen wirklich weh tun. Dann reicht es dir zu wissen, dass du ein reines Herz hast, und dich darüber zu freuen, dass er Gefallen an dir hat. Aber was ist mit Bäckers?«

»Mutter, nichts ist mit ihnen. Ich glaube, ich bin ihnen nicht mehr böse. Wenn sie sich nicht um mich kümmern, kümmere ich mich auch nur soweit um sie, wie es Freundlichkeit und Höflichkeit gebietet. Ich weiß jetzt, dass ich nur von dem Zuwendung möchte, der mich liebt, weil ich so bin, wie ich bin, und weil ich versuche, besser zu werden. Heute werde ich sehr glücklich in die Schule gehen.«

»Ich bin wirklich froh für dich, Anna. Doch vergiss nie: Jeder Mensch ist von demselben Gott geschaffen, mit dem Blut desselben Heilands erkauft. Das Leben jedes einzelnen ist für Gott so kostbar wie das jedes anderen.

Der Christ ist ihm besonders viel wert. Ihm wird Gottes ewige Herrlichkeit und Freude geschenkt, ganz gleich wie gering man ihn in der Welt einstuft. Der Christ darf innerlich ruhig und würdevoll sein, ganz gleich, welche Gaben oder welche Berufung er hat. Er verlässt sich auf Gottes Liebe und Gunst, so dass ihn Beifall oder Missfallen seitens seiner Mitmenschen nicht sonderlich berühren.«

»Ja, Mutter, und so bleiben einem als Christ auch viele unangenehme Gefühle erspart.«

»Dann hat man auch keine verletzte Eitelkeit mehr und keinen beleidigten Stolz. Man verbringt viele Nächte in erquickendem Schlaf, weil man weiß: Gott sorgt für meinen Ruf, weil ich gerne das bin, was er möchte, und dort wirke, wo es ihm gefällt.

Insgesamt, Anna, macht uns das Christsein sogar in diesem Leben glücklicher und fröhlicher, wenn man nicht nur mit halbem Herzen Jünger ist sondern mit Leib und Seele, so dass keine Hintertür offen bleibt für Gewissensbisse. Dann nagen sie an ihm nicht in großer Zahl wie bei anderen Menschen. Die Probleme, mit denen er wirklich fertig werden muss, trägt der mit, der versprochen hat, unsere menschlichen Schmerzen zu tragen.

Sei im Frieden mit Gott, mein Kind, und lass die Liebe, die diesen Frieden schenkt, durch den Tonfall deiner Stimme sprechen, sich in deinem Verhalten spiegeln, wo du auch gehst. Dann brauchst du nicht gehemmt sein, wenn die Pflicht dich in einen Palast oder in eine Hütte ruft.«

»Mutter, dieser Gedanke wird mir im Unterricht sehr helfen. Ich werde nicht halb so verärgert sein, wenn ich Fehler mache, obwohl ich mein Bestes gegeben habe.«

»Das war schon immer der Zweck des Glaubens, mein Kind, dass der Gläubige ruhig und sicher bleibt und ganz abseits von den Drängeleien und der Quälerei eines egoistischen Lebensstils steht.«

»Die Vergangenheit ist Geschichte, die Zukunft ist nicht in unserer Macht, die Gegenwart aber gehört uns und gibt uns die Möglichkeit, ein Geschenk zu machen, über das man sich mehr freuen wird, als über eines, das man mit Geld kaufen kann. Deine Zuneigung soll man nicht erraten müssen. Gib sie klar zu verstehen! Schreib sie groß! 'Schweigen ist Gold', wenn es bittere Worte oder eine unachtsame Bemerkung zurückhält, aber sinkt wie Blei in das Herz, welches zurecht sanfte, vertrauensvolle Äußerungen erwartet.«

GUTES BENEHMEN

»Nun«, sagte Bessie sehr nachdrücklich, »ich denke, Russel Morton ist der liebste Kerl, den es auf der Welt gibt.«

»Warum denn, Schatz?« fragte ich, und ließ mich unter den beschäftigten Gestalten nieder, die sich im Schein des Kaminfeuers versammelt hatten.

»Ich weiß es«, unterbrach uns Wilfried, »Bessie mag Russ, weil er so höflich ist.«

»Lacht nur, das ist mir egal«, sagte die unbefangene Bess, »doch das ist mindestens ein Grund. Er ist nett, stampft nicht mit den Füßen, schreit nicht im Haus herum, sagt nie: ‚He Bess!' oder lacht, wenn ich auf dem Eis ausrutsche.«

»Bess fordert allzeit gutes Benehmen«, sagte Wilfried. Bell fügte hinzu: »Eigentlich müssten wir uns alle wie Erwachsene benehmen, wenn wir es ihr recht machen wollen.«

Die unerschrockene Bessie hatte darauf gleich eine schlagfertige Antwort: »Wenn das Erwachsenwerden aus manchen Leuten angenehmere Menschen machen würde ... Schade, dass man hier nicht nachhelfen kann.«

»Wilfried, was ist gutes Benehmen?« fragte ich tief in den Sessel gesunken.

»Na ja ... es ist ... es bedeutet ... sich richtig verhalten, weißt du, wenn Leute hier zu Besuch sind, oder wenn wir andere besuchen.«

»Gutes Benehmen, das sind feine Manieren«, sagte Horaz.

»Aha«, antwortete ich und dachte darüber nach. »Jetzt verstehe ich: Feine Manieren, die gegenüber Mama zu fein, aber gegenüber Frau Müller gerade richtig sind.«

»Genau!« rief Bess aus.

»Komm, wir wollen ein bisschen darüber nachdenken. Mal im Ernst, warum solltet ihr zu Frau Müller höflicher sein als zu Mama? Liebt ihr sie etwa mehr?«

»O nein, auf keinen Fall!« riefen alle Stimmen im Chor.

»Gut, aber dann verstehe ich nicht, warum nur Frau Müller gutes Benehmen verdient; warum man in ihrem Haus den Hut zieht und leise spricht, *bitte, danke* und *Entschuldigung* sagt und daheim nicht?«

»Ach, das ist was ganz anderes.«

»Mama weiß doch, dass wir alles freundlich meinen. Außerdem ist das nicht fair, Kusine. Wir sprechen doch über Jungen und Mädchen, nicht über Erwachsene.«

Auf diese Weise fielen meine jungen Zuhörer über mich her und ich musste von einer anderen Seite aus anfangen.

»Gut, sprechen wir also über Jungen und Mädchen. Kann nicht ein Junge genauso glücklich sein wie unser Freund Russel, indem er zu den Mädchen höflich ist, seinen kleineren Bruder nicht in den Schnee schubst und Rücksicht nimmt auf die Wünsche seiner Cousins und seiner besten Freunde? Ich finde, dass Höflichkeit auf dem Spielplatz genauso angebracht ist wie im Salon.«

»Sicher; wenn du willst, dass ein Junge gar keinen Spaß mehr hat«, sagte Wilfried.

»Mein Lieber«, sagte ich, »das will ich nicht. Renne, springe und schrei so viel du willst; fahr Schlittschuh, schlittere und mach Schneeballschlachten; aber sei dabei höflich zu anderen Jungen und Mädchen; und ich verspreche dir, du hast genauso viel Spaß dabei.

Manchmal sagst du, ich sei freundlicher zu Burke Holland als zu allen anderen Freunden. Das ist ganz natürlich.

Denn er ist zwar sehr lebhaft und manchmal ausgelassen, aber benimmt sich immer gut. Du wirst nie erleben, dass er mit dem Stuhl kippelt oder den Hut im Haus aufbehält. Er drängelt sich nie vor, um als erster aus dem Raum zu stürmen. Wenn du gerade hinausgehen willst, hält er dir die Tür auf; wenn du müde bist, dann ist es Burke, der dir ein Glas Wasser bringt, einen Stuhl hinstellt, den Fächer reicht, der sich bückt und dein Taschentuch aufhebt – und das alles, ohne dass man ihn dazu auffordert und das es seinen Frohsinn auch nur im geringsten schmälert.

So aufmerksam ist er nicht nur zu mir als Gast oder zu Frau Müller, wenn er sie besucht, sondern auch zu Mama, Tante Jenny und seiner kleinen Schwester. Ob zu Hause, in der Schule oder beim Spiel immer achtet er darauf, schlechtes Benehmen zu vermeiden. Seine Höflichkeit gilt nicht nur bei offiziellen Anlässen, sondern er trägt sie wie eine gut sitzende Dauerkleidung. Seine Männlichkeit drückt sich in liebenswürdiger Freundlichkeit aus. Und genau das kennzeichnet echte Höflichkeit: Sich um andere kümmern und auf sich selber achten, damit unsere Schutzengel uns nicht zu Hilfe kommen müssen.«

Jungen und Mädchen werden sich oft erst zu spät bewusst, dass sie sich vor leichtsinnigen und merkwürdigen Ausdrucks- und Verhaltensgewohnheiten unbedingt hätten hüten müssen. Oft sind sie dann schon zu alt und können sich kaum noch ein besseres Benehmen angewöhnen. Wer unvernünftigerweise meint, man brauche es in diesen Dingen nicht so genau zu nehmen, wenn man sich nicht in Gesellschaft befindet, begeht einen schweren Fehler. Die schlechte Erziehung wird einen verraten, auch wenn man sie noch so sorgfältig zu vertuschen sucht.

Man kann sich nicht zu Hause eine bestimmte Ausdrucks- oder Verhaltensweise erlauben und in der Gesellschaft eine andere. In Augenblicken der Verwirrung oder Verlegenheit nämlich, in die jeder junge Mensch, der sensibel und bescheiden ist, manchmal hineingerät, wird seine alltägliche Ausdrucks- und Verhaltensweise zum Vorschein kommen.

Wir empfehlen unsern jungen Freunden eine gewählte Ausdrucksweise und anständiges Benehmen zu erlernen und zu üben. Nicht nur weil es unseren Sinnen gefällt, sondern weil gutes Benehmen jeder Art eine Rückwirkung auf den eigenen Charakter hat und ihn angenehmer, freundlicher und liebenswerter macht. Das sind Eigenschaften, die anziehend sind und jedem, der sie besitzt, eine große Zahl von netten Freunden bescheren wird.

VERTRAU DER MUTTER

In dem Augenblick, wo ein Mädchen ein Geheimnis hat vor ihrer Mutter oder einen Brief bekommt, den sie ihre Mutter nicht lesen lassen will, oder eine Freundin hat, von der die Mutter nichts weiß, in dem Augenblick begibt sie sich in Gefahr.

Ein Geheimnis ist nichts Gutes für ein Mädchen. Je weniger Geheimnisse im Herzen einer Frau gleich welchen Alters um so besser. Ja, fast ist es ein Test für ihre Reinheit. Wer vor seiner Mutter nichts verheimlicht, ist der Beste und Glücklichste.

Verberge als Mädchen nichts vor deiner Mutter; tu nichts, von dem du weißt, du würdest rot, wenn deine Mutter es erfahren würde. Wenn du verheiratet bist, verberge nichts vor deinem Mann. Gestatte es dir niemals, einen Brief zu schreiben, über den er nicht alles wissen darf, oder einen zu bekommen, den du ihn nicht lesen lassen würdest.

Habe absolut keine Geheimnisse. Sage denen, mit denen du zusammen bist, wohin du gehst und was du tust, – ich meine natürlich denen, die das Recht haben, das zu erfahren.

Ein wenig Heimlichtuerei hat schon zu so manchem Skandal geführt. Viel wird gesagt über Frauen, die zuviel reden, doch solche sind ein gutes Stück besser daran, als die Frauen, die zu wenig reden.

Das Mädchen, das offen zu ihrer Mutter sagt: »Ich bin dort gewesen, ich habe den und den getroffen. Das und das wurde gesagt und dieses und jenes wurde getan«, darf sicher sein, dass es guten Rat und Mitgefühl bekommt.

Wenn alles richtig war, wird kein Fehler gefunden. Wenn die Mutter aus ihrer eigenen, reicheren Erfahrung weiß, dass etwas unangebracht oder unpassend war, wird sie, wenn sie eine christlichen Mutter ist, ihre Tochter freundlich dahingehend unterrichten.

Ihr Mädchen wisst vielleicht nicht immer, was richtig und was falsch ist, – denn ihr seid noch jung und unerfahren. Für kleine Fehler werdet ihr nicht beschuldigt, doch ihr werdet wohl nichts gravierend Falsches machen, wenn ihr gleich von Anfang an vor eurer Mutter keine Geheimnisse hegt.

»SIE HABEN MICH AUFGENOMMEN«

(Matthäus 25,35)

»Wer ist sie?«

»Weiß ich nicht. Ich nehme an, sie ist fremd hier.« »Sieht so aus. Sie wohnt in dem Häuschen neben der Brücke, – na ihr wisst schon, – wo die weißen Rosen vorne hochranken«.

»Dort haben wir uns noch Blumen zum Dekorieren geholt. Das Haus war ja nie bewohnt. Na, es ist aber baufällig, wie kann dort überhaupt jemand wohnen?«

»Das würde auch keiner, ohne so arm zu sein. Man sieht doch an ihrer Kleidung, dass sie arm ist.«

»Ach, nun was soll's, warum sprechen wir überhaupt über sie?« sagte ein Mädchen ungehalten. »Was geht es uns an, wer sie ist? Wir müssen uns beeilen, sonst kommen wir noch zu spät.« Und die fröhliche Mädchenschar zog weiter die Straße hinunter.

In der Zwischenzeit ging die Fremde rasch in eine andere Richtung. Nachdem sie nur kurz sehnsüchtig zu den Mädchen herübergeschaut hatte, verschleierten Tränen ihren Blick, denn die Mädchen hatten sie nur mit kalter Neugier betrachtet.

»Das Alleinsein fällt mir so schwer«, murmelte sie, »doch Mama darf das nie erfahren.«

Die Mädchen setzten ihren Weg fort. Sie hatten die Sehnsucht in ihrem Blick nicht bemerkt und auch kein Bewusstsein für ihre eigene Unfreundlichkeit.

Nellie Ross jedoch war es nicht entgangen. Sie war den ganzen Nachmittag nachdenklich. Was empfindet man, dachte sie, wenn man so alleine unter Fremden ist. Auf dem Nachhauseweg, am späten Abend, flüsterte sie ihrer guten Freundin zu:

»Weißt du, Mabel, ich muss immerzu an das Mädchen denken, das uns heute Morgen begegnet ist.«

»Was für ein Mädchen?« fragte Mabel Willis etwas verstört.

»Na, von der Margaret geredet hat, die in dem Häuschen wohnt; du weißt schon«.

»Ach ja. Was ist denn mit ihr?«

»Na, ihr Blick war voll Sehnsucht; ich habe sie auch nie in Gesellschaft gesehen, sie muss sehr einsam sein.«

»Und?«

»Du weißt doch, was in der Bibel steht: 'Ich bin ein Fremder gewesen, und ihr habt mich nicht aufgenommen.' Das Mädchen ist fremd hier. Meinst, das bezieht sich auf sie?«

»Auf was für Ideen du kommst, Nellie!«

»Ich dachte, wir könnten bei ihr vorbeigehen und sie einladen zu unserer Sabbatschule, dann ergibt sich bestimmt mehr.«

Mabel lächelte: »Du bist schon immer eine Missionarin gewesen, Nellie, aber ich glaube, ich gehe lieber nicht mit«, und zuckte die Achseln.

Nellie war enttäuscht, sagte aber nichts, weil sie schon wusste, dass es sowieso nichts bringt, mit Mabel zu diskutieren. So beschloss sie, den Besuch allein zu machen.

Als sie am nächsten Nachmittag zu dem Häuschen kam und anklopfte, hatte sie doch etwas Angst. Das fremde Mädchen selbst öffnete die Tür und führte sie in das winzige Wohnzimmer. Im Sessel neben dem Kamin saß eine sympathische Frau mit freundlichem Gesicht.

»Ich heiße Nellie Ross. Es ist mir aufgefallen, dass du hier neu eingezogen bist«, begann Nellie in ihrer gewinnenden Art, mit der sie schon viele Freunde gewonnen hatte, »und ich dachte mir, ich komme mal bei dir vorbei und lade dich in unsere Sabbatschulklasse ein. Wir sind wirklich gerne zusammen und unsere Lehrerin, Mrs. Allen, macht es sehr interessant.«

»Ich würde gerne«, begann das Mädchen mit stockender Stimme, »aber ich kenne niemanden, und außerdem ...«

»Das macht doch nichts«, sagte Nellie, »ich hole dich ab und stelle dich den andern vor.«

»Ich danke dir, meine Liebe«, sagte die Frau, bevor das Mädchen etwas erwidern konnte. »Ich bin sicher, Edna kommt gerne mit. Es war nicht so leicht für sie, seit wir hier sind, obwohl sie sich nie beklagt hat aus Angst, ich könnte mir Sorgen machen.

Wo wir herkommen, ging sie immer zur Gemeinde und nahm an der Sabbatschule aktiv teil. Aber ich wurde sehr krank. Der Arzt empfahl mir, den Winter hier zu verbringen. Es könnte mein Leben retten.

Mein Mann konnte nicht mitkommen, er muss bleiben und Geld verdienen, um unsere Kosten zu decken. Edna gab die Schule und alles auf, um mit mir zu kommen. Wir müssen zwar sparsam leben, aber es geht mir schon besser, und bald bin ich wahrscheinlich wieder gesund, wenn Edna sich hier auch wohl fühlt.« Die Frau blickte liebevoll zu ihrer Tochter herüber.

»Natürlich werde ich mich hier wohl fühlen, Mama«,

sagte Edna.

»In der Sabbatschule wird es ihr sicher sehr gefallen«, sagte Nellie ernsthaft, »ich hole sie dann morgen ab.«

Das tat sie auch. Edna kam mit, zwar etwas beklommen, aber die herzliche Begrüßung durch Mrs. Allen und die Mädchen ließ sie sich bald wie zu Hause fühlen. Als alle in das Schlusslied einstimmten, hatte sie ihre Verlegenheit endgültig überwunden und sang mit. Danach waren die Mädchen einfach begeistert, denn sie sang wunderschön Alt.

»Also wirklich«, rief eines der Mädchen gleich nach dem Unterricht aus, »du solltest in unserem Jugendchor mitsingen, willst du? Wir brauchen noch dringend einen Alt.«

Von dieser Zeit an war Edna nicht länger einsam. Jetzt gehörte sie dazu. Ihre Mutter war sehr froh darüber, und erholte sich zusehends.

Stehende Gewässer sind den ganzen Winter von Eis bedeckt, während sprudelnde Bächlein nur von Eiskristallen umrandet sind. Warum ist das so? Bäche sind nicht dazu da, still zu stehen und einzufrieren. Tut es ihnen gleich! Haltet euer Herz warm, indem ihr mit anderen mitfühlt. Bleibt aktiv, indem ihr entschlossen arbeitet.

– John Hall

Ein Haus, das auf Sand gebaut ist, steht beim guten Wetter genauso fest, wie das auf dem Felsen. Spinnenweben sind genauso fest wie das dickste Drahtseil, solange man nicht an ihnen zupft. In der Anfechtung beweist sich, wer stark und wer schwach ist.

– Beecher

Ein wenig Selbstverleugnung, ein wenig Ehrlichkeit, ein paar mitfühlende Worte, ein paar anonyme Gefälligkeiten, ein paar stillschweigende Siege über Lieblingssünden – das sind schweigsame Goldfäden, die miteinander verwoben das Lebensmuster so hell glitzern lassen, dass Gott sich freut.

– Dean Farrar

DIE KLEINEN SCHWESTERN

»Du warst gestern nicht da«, sagte die warmherzige Lehrerin aus der Dorfschule und legte ihre Hand freundlich auf den Lockenschopf einer ihrer Schülerinnen. Es war Pause, aber das Mädchen war nicht in die zehn Minuten hinausgestürmt. Sie hatte ihren Platz nicht einmal verlassen, sondern saß versunken beim scheinbar vergeblichem Versuch eine komplizierte Divisionsaufgabe schriftlich zu meistern.

Gesicht und Hals erröteten bei den Worten ihrer Lehrerin. Doch als sie zu ihrer Lehrerin aufschaute, schien sie ein wenig beruhigter durch den freundlichen Blick, der sie traf, und antwortete: »Nein, Mam, ich war nicht da, aber meine Schwester Nelly.«

»Ach, das Mädchen namens Nelly Gray, die gestern hier war. Ich wusste nicht, dass sie deine Schwester ist. Aber warum warst du nicht da? Du scheinst Spaß am Lernen zu haben.«

»Es lag nicht daran, dass ich nicht gewollt hätte«, war die ernste Antwort. Sie hielt inne und das dunkle Rot färbte wieder ihre schöne Stirn; »aber«, fuhr sie nach einem Moment peinlicher Stille fort, »Mutter kann uns nicht beide problemlos erübrigen, deshalb wechseln wir uns ab. Ich gehe am einen Tag zur Schule und meine Schwester am andern und heute Abend bringe ich Nelly alles bei, was ich heute gelernt habe. Morgen Abend bringt sie mir dann bei, was sie hier lernen wird. Nur so kommen wir zurecht. Wir wollen viel lernen, so dass wir uns bald selbst unterrichten und uns um Mutter kümmern können; denn sie muss hart arbeiten, um für uns zu sorgen.«

»Die Lehrerin fragte nicht weiter nach, sondern setzte sich neben sie und erklärte ihr die Regel, über der ihr junges Gehirn gebrütet hatte, so dass die schwierige Aufgabe leicht gelöst wurde.

»Und jetzt gehst du besser hinaus und schnappst noch ein paar Augenblicke Luft; du hast heute deinen Grips schon sehr angestrengt«, sagte die Lehrerin, als das Mädchen, ihre Schiefertafel beiseite legte.

»Ich möchte lieber nicht – ich könnte mein Kleid beschädigen – ich stelle mich ans Fenster und schaue noch ein bisschen zu.«

Das Kleid war lediglich aus billiger Baumwolle, doch es war adrett und noch nie gewaschen worden. Während sie es betrachtete, erinnerte sie sich, dass sie in den letzten vierzehn Tagen nur dieses eine Kleid getragen hatte. »Sie ist ein besonnenes Mädchen«, sagte sie zu sich selbst, »und will ihrer Mutter keine Probleme machen. Ich wünschte, ich hätte mehr solcher Schüler.«

Am nächsten Morgen fehlte Mary, aber ihre Schwester saß auf ihrem Platz. An den beiden Schwestern war etwas so Interessantes – die eine elf und die andere achtzehn Monate jünger, beide abwechselnd in der Schule – dass die Lehrerin sie genau beobachtete.

Sie waren hübsche Kinder von zartem Körperbau, die Ältere mit dunklen Augen und Kastanienlocken, die andere mit Augen wie der Junihimmel, den weißen Hals bedeckt mit einem Reichtum an goldenen Ringeln.

Die Lehrerin entdeckte in beiden, die gleiche gespannte Aufmerksamkeit beim Lernen und so wie Mary in der Pause drinnen blieb, tat es auch Nelly; als sie sie darauf ansprach wie auch ihre Schwester, erhielt sie dieselbe Antwort: »Ich könnte mein Kleid beschädigen.«

Die Antwort lenkte den Blick von Frau M. auf das Kleid ihrer Schwester. Sofort erkannte sie, dass es aus demselben Stoff war wie Marys. Nein, sie war sich sicher, dass es dasselbe Kleid war. Der Nelly passte es nicht so gut, es war ihr zu lang. Es war ihr auch offensichtlich unwohl, als sie merkte, dass die Lehrerin die hellen rosa Blumen betrachtete, die sich auf dem weißen Hintergrund dicht an dicht reihten.

Die Entdeckung konnte nicht anders, als das Interesse der Lehrerin zu wecken. Zwar war sie selbst knapp bei Kasse, doch noch am selben Abend kaufte sie ein Kleid aus dem gleichen Material für die kleine Nelly, und veranlasste, dass der Kaufmann es ihr auf solche Weise zukommen ließ, dass die Spenderin nie bekannt würde.

Sehr fröhlich und glücklich sah Mary Gray am Freitagmorgen aus, als sie die Schule zu früher Stunde betrat. Gleich nachdem sie ihre Bücher hübsch auf ihren Tisch gelegt hatte, kam sie zur Lehrerin und flüsterte ihr trotz ihrer Anstrengungen, tief und ehrerbietig zu sprechen, lachend zu.

»Wenn diese Woche vorbei ist, kommt meine Schwester Nelly jeden Tag zur Schule. Ich bin so froh.«

»Das sind ja gute Nachrichten«, antwortete die Lehrerin freundlich. »Nelly studiert ihre Bücher gerne, wie ich sehe. Ich freue mich, dass sie nun jeden Tag kommen kann.«

Dann fuhr sie fort mit einem gehörigen Portion Übermut in den Augen: »Aber kann eure Mutter euch denn nun beide problemlos entbehren?«

»O ja, Mam, jetzt geht es. Etwas Unerwartetes ist geschehen und sie ist froh, dass sie uns beide schicken kann.« Sie zögerte einen Moment lang, doch ihr junges Herz war bis an den Rand mit Freude gefüllt und wenn ein Kind glücklich ist, ist es so natürlich, dass es den Grund dafür erzählt, so wie für einen Vogel, der trillert, wenn die Sonne scheint. Aus vollem Herzen sprudelte es aus ihr und sie erzählte ihre kleine Geschichte:

Sie und ihre Schwester waren die einzigen Kinder eine alten Witwe, deren Gesundheit so schwach war, dass es ihr fast unmöglich war, sich und die Töchter zu versorgen. Sie war gezwungen, sie den ganzen Winter aus der Schule zu lassen, denn sie hatten keine geeignete Kleidung. Doch sie versprach ihnen, wenn sie genug verdienen würden, dass sie sich ein neues Kleid kaufen könnten, indem sie Gelegenheitsarbeiten für die Nachbarn übernahmen, dann könnten sie im Frühjahr zur Schule gehen.

Sehr eifrig hatten die Mädchen ihre wenigen Chancen genutzt und sehr sorgsam ihre Kupfermünzen gehortet, die sie gewöhnlich erhielten. Schon hatten sie fast alles für ein Kleid gespart, als Nelly krank wurde und die Mutter, weil sie zu wenig Geld hatte, Nellys Geld für die Arznei ausgeben musste.

»Ach, ich fühlte mich so schlecht, als die Schule begann und Nelly nicht gehen konnte, weil sie kein Kleid hatte«, sagte Mary. »Ich sagte Mutter, ich würde auch nicht gehen. Doch sie meinte, es wäre besser, denn ich könnte meiner Schwester einiges beibringen. Es wäre besser, als gar nicht zur Schule zu gehen. Ich hielt es vierzehn Tage lang aus, doch Nelly schaute mir immer nach, wenn ich zur Schule ging, und ich konnte mich kein bisschen freuen. Also ersann ich mir schließlich einen Weg, wie wir beide gehen könnten. Ich sagte Mutter, dass ich an einem Tag gehen würde und am nächsten mein Kleid der Nelly leihen würde, so dass sie gehen könnte; so haben wir es diese Woche dann getan. Doch letzte Nacht, Sie können es sich nicht vorstellen, hat jemand meiner Schwester ein Kleid wie meines geschickt. Jetzt kann sie auch kommen. Ach, wenn ich nur wüsste, wer es war, ich würde ihm auf Knien dafür danken und Nelly ebenso. Doch wir wissen es nicht und deshalb haben wir alles für denjenigen getan, was wir können – wir haben für ihn gebetet – und: Ach, Frau M., wir sind jetzt so froh. Sie nicht auf?«

»Das bin ich gewiss!«, war die nachdrückliche Antwort. Am folgenden Montag, betrat die kleine Nelly in ihrem neuen rosa Kleid den Klassenraum mit ihrer Schwester. Ihr Gesicht strahlte wie eine Rose in der Sonne. Beim Vorbeigehen am Lehrertisch rief sie: »Ich komme jetzt jeden Tag. Wie froh bin ich!«

Die Lehrerin fühlte wie nie zuvor: »Geben ist seliger als Nehmen« (Apostelgeschichte 20,35). Wenn ein Millionär seinen Namen in einer Zeitung las, die ihn dafür pries, dass er 1000er Summen für mildtätige Zwecke spendete, war er bestimmt nicht so fröhlich, wie die arme Schullehrerin, die ihre Handschuhe nun einen Sommer länger trug als geplant, bis sie das Geld wieder beisammen hatte, mit dem sie das Baumwollkleid für ein vaterloses Mädchen gekauft hatte.

EIN KOSTBARES GEHEIMNIS

Sarah, ich wünschte du würdest mir deinen Fingerhut ausleihen. Ich kann meinen nie finden, wenn ich ihn brauche.

Warum kannst du ihn nicht finden, Mary?

Wenn du mir deinen nicht leihen willst, kann ich ja jemand anders fragen.

Doch, ich leihe ihn dir, Mary. Hier ist er.

Ich wusste, dass du ihn mir gibst.

Warum leihst du dir immer bei mir die Sachen aus, die du verloren hast, Mary?

Weil du nie etwas verlierst und immer weißt, wo du es findest.

Warum, meinst du, weiß ich immer, wo meine Sachen sind?

Ich kann es mir nicht denken. Wenn ich es wüsste, würde ich es wahrscheinlich fertigbringen, meine eigenen Sachen zu finden.

Das Geheimnis ist: Bei mir hat jedes Ding seinen Platz. Und: Nachdem ich etwas benutzt habe, bringe ich es – und das ist meine Regel – wieder an seinen eigenen Platz zurück. Ja, so als hinge dein Leben davon ab.

Mein Leben hängt nicht davon ab, Mary – wohl aber meine Bequemlichkeit.

Ich finde nun einmal keine Zeit meine Sachen aufzuräumen.

Kostet es nicht viel weniger Zeit, etwas an seinen Platz zu bringen, als es stundenlang zu suchen, wenn man es verlegt hat?

Ich glaube, ich leihe von dir nie mehr etwas; darauf kannst du dich verlassen.

Warum? Bist du jetzt beleidigt, Mary? Ich hoffe nicht.

Ach nein, Sarah. Aber schämen tu ich mich, dass ich so sorglos und unordentlich gewesen bin. Ich will es ab jetzt so machen wie du, jedes Ding soll bei mir seinen Platz haben und auch an seinem Platz sein.

Also, Mary, das ist ein guter Entschluss. Du wirst ihn ohne Schwierigkeiten in die Tat umsetzen, wenn du im Kopf behältst, dass des Himmels oberstes Gesetz Ordnung ist.

KANN ICH DAS MEINER MUTTER ERZÄHLEN?

An einem Nachmittag standen ein paar Schülerinnen vor der Tür ihres Klassenzimmers und tuschelten miteinander, als ein kleines Mädchen auf sie zukam und fragte, was sie gerade machten.

»Ich vertraue den Mädchen ein Geheimnis an, Kate. Wir sagen es dir auch, wenn du uns versprichst, es niemandem zu erzählen, solange du lebst«, war die Antwort.

»Ich werde es niemandem erzählen außer meiner Mutter«, sagte Kate. »Ich erzähle ihr alles, weil sie meine beste Freundin ist.«

»Nein, auch deiner Mutter nicht, niemandem auf der Welt.«

»Also dann möchte ich es auch nicht hören. Was ich meiner Mutter nicht erzählen kann, möchte ich besser auch nicht wissen«.

Kate ging langsam fort, vielleicht traurig, aber mit gutem Gewissen, während ihre Mitschülerinnen ihr geheimnisvolles Gespräch fortsetzten.

Wenn Kate weiter nach diesem Prinzip verfährt, wird sie sicherlich eine tugendhafte, nützliche Frau. Kein Kind einer christlichen Mutter wird auf den gefährlichen Sündenweg geraten, wenn es Kates Antwort als Verhaltensregel für sich übernimmt.

Sobald ein Junge einem Gespräch in der Schule oder auf einem Spielplatz zuhört, das er aus Schamgefühl oder Angst seiner Mutter nicht erzählen würde, begibt er sich auf den Weg der Versuchung, und niemand kann sagen, wo er Halt machen wird. So mancher Mann, der mit Schimpf und Schande sterben musste, im Gefängnis oder auf dem Schafott, erinnerte sich mit bitterer Reue an die Zeit, als er zum ersten Mal auf einen weltlichen Freund hörte, der sich zwischen ihn und seine fromme Mutter stellte.

Ihr Mädchen, wenn ihr in diesem Leben geachtet und geschätzt werden möchtet, und Charaktere für den Himmel formen wollt, macht euch Kates Antwort zur Regel:

»Was ich meiner Mutter nicht erzählen kann, möchte ich besser auch nicht wissen.« Kein anderer Mensch ist so sehr an eurem Wohlergehen und Wohlstand interessiert wie eine wahrhaft christliche Mutter.

Kein Mädchen darf vergessen, dass eine fromme Mutter ihre beste Freundin auf dieser Erde ist, vor der man lieber nichts verheimlicht.

EINE GESCHICHTE AUS DER SCHULE

»Passt mal auf, Mädels! Es ist zum Totlachen! Es ist einfach zum Totlachen!« rief Belle Burnette aus, während sie sich vor Lachen verschluckte, das sie vergebens mit ihrem elegant gefalteten Spitzentaschentuch zu unterdrücken versuchte.

»Was ist denn? Heraus mit der Sprache. Wir möchten mitlachen.«

»Na, wisst ihr denn nicht?« schnaufte sie schließlich, »wir haben eine neue Mitschülerin – die merkwürdigste Gestalt, die ihr je gesehen habt. Ich war rein zufällig in Madames Zimmer, als sie hereinkam. Sie hatte nur ein altmodisches Köfferchen dabei, nicht größer als eine Hutschachtel, und ein kleines komisches Körbchen. Sie setzte sich sofort hin, als ob sie für immer hierbleiben will.

'Sind Sie Madame Gazin?' fragte sie.

'Ja,' sagte die Lehrerin, 'so heiße ich.'

'Nun, ich bin gekommen, um für ein Jahr Ihre Schule zu besuchen.'

Dann nahm sie ein Taschentuch aus dem Körbchen und begann es auszuwickeln. Bis sie ihre alte Lederbrieftasche

gefunden hatte. Sie nahm tatsächlich 250 Dollar heraus, legte sie Madame in die Hand und sagte:

'Hier ist das Schulgeld. Stimmt es so? Würden Sie mir bitte eine Quittung schreiben?'

'Ihr habt die Madame bestimmt noch nie so überrascht gesehen. Sie wusste in dem Moment gar nicht, was sie sagen sollte. Aber dann stellte sie ihr die Quittung aus, stellte noch ein paar Fragen und ließ sie in den Raum 10 bringen, wo sie sich gerade jetzt befindet.'

'Und was ist so komisch daran?'

'Na eben das: Sie hat rotes Haar in einem schwarzen Netz. Sie sieht wirklich wie eine Vogelscheuche aus mit dem braunen Kleid aus dünnem, billigem Stoff ohne Aufnäher und Borte, dem schäbigen Hut und dem unmöglichen Tuch um die Schultern. Ihr würdet euch totlachen, wenn ihr sie nur sehen würdet.'

Belle Burnette war Einzelkind und ihr reicher Vater ging gerne auf jede ihrer Launen ein. Sie war nicht nur viel zu elegant gekleidet für eine Schülerin, sondern hatte auch viel Taschengeld, war großzügig, lebensfroh und lustig. Das machte sie zur anerkannten Anführerin unter Madames Schülerinnen.

Als die Glocke zum Abendessen läutete, wurde die Neue in den Speisesaal begleitet und ihren neuen Mitschülerinnen als Fräulein Fannie Comstock vorgestellt. Sie hatte statt des braunen nun ein einfaches Baumwollkleid mit weißem Rand am Ausschnitt an.

Sie sah tatsächlich ziemlich seltsam aus mit dem schmalen, dünnen, sommersprossigen Gesicht und dem glatt zurückgekämmten Haar, das größtenteils unter das große schwarze Netz gesteckt war. Wäre Madame nicht dabei gewesen, so wäre der erste Empfang für sie äußerst unangenehm ausgefallen. Sie war schüchtern und ungeschickt und allem Anschein nach verlegen unter vielen Fremden.

So schnell es ging, zog sie sich Zuflucht suchend auf ihr Zimmer zurück. Am nächsten Tag wurden ihre Leistungen in verschiedenen Fächern geprüft und ausgewertet.

Zur allgemeinen Überraschung war sie ihren Gleichaltrigen weit voraus.

Doch dies machte bei ihren Mitschülerinnen keinen Eindruck. Im Gegenteil, Belle Burnette und ihre guten Freundinnen waren höchst empört über das Ganze, und immer wenn keine Gefahr bestand, erwischt zu werden, ärgerten sie Fannie. Obwohl diese keine Notiz von dem Ganzen zu nehmen schien, war sie sehr traurig darüber.

Einige Wochen vergingen. Fannie war auf den Unterricht stets gut vorbereitet und trug ihre Hausaufgaben immer mit Bravour vor. Sie hatte sich nie über die Beleidigungen und Spötteleien ihrer Mitschülerinnen beschwert, wich ihnen nur aus, so gut sie konnte. Aber ihr Gesicht war blasser geworden, es zeigten sich dunkle Ringe unter den Augen. Einer aufmerksamen Freundin wäre es sicher aufgefallen, dass ihr das mit ihren jungen Jahren ganz schön zusetzte.

Eines Tages schien es, als ob ein böser Geist unter den Schülerinnen entfesselt worden sei. Madame war nicht da, und die andern Lehrer waren in ihren Räumen beschäftigt. Fannie kam von einem Spaziergang zurück und stand schon an ihrer Zimmertür, als sie plötzlich von einem Dutzend oder mehr Schülerinnen umringt wurde, die sich an den Händen fassten und sie in ihrem Kreis gefangennahmen.

Einen Augenblick lang bat sie ihre Kameradinnen inständig, sie freizulassen. Doch diese lachten nur noch mehr, begannen sich im Kreis zu drehen und sangen einen bösen, grausamen, verletzenden Reim, den Belle erfunden hatte.

Sie stand einen Moment blass und still da, dann riss sie sich mit einem durchdringenden Schrei aus dem Kreis los, rannte in ihr Zimmer und schloss die Tür hinter sich ab. Durch ihre wilden Lachsalven hindurch hörten die Schülerinnen plötzlich ein eigenartiges Stöhnen und einen lauten Schlag.

»Wahrscheinlich ist sie ohnmächtig geworden«, sagte Belle.

»Was sollen wir machen?« fragte eine andere Schülerin.

Für einen Augenblick standen sie ernüchtert da, dann lief eine von ihnen zur Aufseherin und teilte ihr mit, Fannie Comstock sei in ihrem Zimmer ohnmächtig geworden und die Tür sei abgeschlossen.

Die Aufseherin ließ eine lange Leiter ans Fenster stellen und bat den Hausmeister nachzusehen, ob es wahr sei. Zum Glück war das Fenster offen, und nach wenigen Minuten schloss er die Tür von innen auf.

Die Schülerinnen drängten sich vor Schreck aneinander, während die Aufseherin die arme Fannie hochhob und aufs Bett legte. Sie hatte einen starken Krampfanfall.

Der Arzt wurde geholt. Nachdem sich der Krampfanfall gelöst hatte, setzten alarmierende Symptome ein, woraufhin der Doktor erklärte, Fannie habe eine schwere Gehirnentzündung. Die Schülerinnen fühlten sich unbeschreiblich schuldig und bekamen äußerst starke Gewissensbisse.

Sie wagten nicht, ihre Schuld zu bekennen, standen nur an der Tür des Krankenzimmers herum, boten ihre Dienste an, wollten vergebens alles irgendwie wieder gutmachen. Doch ihre Anwesenheit beunruhigte die arme Leidende nur, und so wurden sie schließlich fortgeschickt.

Einige Tage verstrichen. Das junge Wesen litt immer noch unter heftigen Wahnzuständen.

Aber ungeachtet der starken Leiden beschwerte sie sich nie über das vorher so böse Verhalten der Kameradinnen.

Man durchsuchte ihr kleines Köfferchen, um irgendeinen Hinweis auf Freunde zu finden, aber man fand nichts außer wenigen einfachen Kleidungsstücken.

Der Doktor kam häufig, sah besorgt aus, und schließlich war der Höhepunkt der Krankheit erreicht.

Stundenlang lag Fannie wie tot und jegliches Geräusch war untersagt, um die Ruhe nicht zu stören, während viele beunruhigte Kameradinnen abwarteten, ob sie nun sterben oder leben würde.

Endlich machte sie die Augen auf, und die Spannung löste sich, als der Arzt versicherte, dass sie bei guter Pflege bald wieder gesunden würde. Doch die Genesung verlief langsam und schleppend.

Ihre ehemaligen Peinigerinnen hatten immer noch nicht den Mut, ihr ihre Schuld zu gestehen, doch schickten sie ihr jeden Tag duftende Blumensträuße und zahlreiche Delikatessen, um ihren neugewonnenen Appetit noch zusätzlich in Versuchung zu bringen.

Als sie die Geschenke sah, war sie angenehm überrascht und strahlte vor Freude.

Eines Tages saß Madame an Fannies Bett, sie fühlte sich schon besser, und Madame wagte es, sie nach ihren Freunden zu fragen.

»Ich habe keine Freunde, Madame, nur einen Vetter,

John; er hat aber selbst eine große Familie und hat sich nie um mich gekümmert. Meine Mutter starb, als ich geboren wurde. Ich hatte zwar eine Stiefmutter, aber mein Vater starb vor fünf Jahren und seitdem kümmere ich mich selber um mich.«

»Aber du bist ja erst fünfzehn, nicht wahr?«

»Ja, Madame.«

»Wie hast du das Geld für deine Verpflegung und die jährliche Studiengebühr zusammenbekommen?«

»Ich habe es verdient, Madame, jeden Cent. Seit ich alt genug war, arbeitete ich in einer Fabrik und verdiente zuerst zwei Dollar pro Woche, bald aber schon drei Dollar fünfzig. Ich habe für meine Verpflegung hier Tag und Nacht gearbeitet.

»Armes Kind.«

»Nein, nein, Madame, ich war sehr froh, dass ich die Gelegenheit hatte.«

»Aber wie konntest du mit der Schule Schritt halten?«

»Ich habe immer mein Buch auf den Webstuhl gelegt und konnte so ab und zu einen Satz lesen. Der Aufseher hatte nichts dagegen, weil ich meine Arbeit immer gut machte. Wissen Sie, Madame, ich möchte mal Lehrerin werden, und in Ihrer Schule erhalte ich, glaube ich, eine bessere Ausbildung als irgendwo sonst. Ich bin fest entschlossen, sie durchzuziehen.«

»Was hast du in den großen Ferien vor.«

»Ich muss zurück in die Fabrik, um genug Geld für meine Winterkleidung zu verdienen.

Sie verstehen jetzt, warum ich mir keine besseren Kleider leisten kann.«

Madame war zutiefst gerührt. Sie beugte sich über das blasse, schmale Gesicht und küsste es voller Achtung.

Am selben Abend, als die Schülerinnen zum Gottesdienst in die Kapelle kamen, erzählte sie Fannies Geschichte.

Keine von den Mädchen konnte ihre Tränen zurückhalten.

Als Madame endete, stand Belle Burnette auf und sagte unter Tränen:

»Ach, Madame, es tut mir so leid. Wir waren sehr gemein zu ihr. Von Anfang an lachten wir sie aus.

Sie wäre nicht so krank geworden, wenn wir sie nicht fast zu Tode gequält hätten. Und ich trage größere Schuld als die anderen.

Ich habe die anderen angestiftet. Die ganzen Wochen hindurch haben wir uns große Sorgen gemacht und hatten Angst, dass sie sterben würde. Sie können mich aus der Schule entlassen oder bestrafen, je nachdem, was Sie für richtig halten – schließlich habe ich es verdient. Ich werde sie auf Knien um Verzeihung bitten, sobald Sie mir einen Besuch bei ihr erlauben.«

»Mein Kind, ich bin äußerst schockiert über den Bericht. Ich kann kaum glauben, dass irgendeine von meinen Mädchen ihre Mitschülerin so misshandeln würde, nur weil sie unglücklicherweise einfach und arm ist. Nun hast du aber deine Schuld gestanden, und ich verzeihe dir gerne. Sie wird dir sicher vergeben, wenn sie erfährt, wie aufrichtig du deine Unfreundlichkeit bekannt und bereut hast.«

Nach und nach, so wie Fannie es ertragen konnte, kamen die Schülerinnen eine nach der anderen zu ihr und baten um Entschuldigung; sie vergab ihnen sofort.

Sie sagte: »Es ist kein Wunder, dass ihr mich ausgelacht habt. Ich weiß, dass ich einfach gekleidet, arm und hässlich bin. Aber wisst ihr, wenn ich nur das Gefühl gehabt hätte, dass ich unter euch auch nur eine Freundin gehabt hätte, dann hätte ich das alles ertragen können.

Doch ihr habt mich so verletzt, indem ihr euch alle gegen mich gewendet habt.«

Kurz darauf ging es mit ihr schnell aufwärts und der Arzt verkündete an einem schönen Morgen, dass sie sich zunächst für eine Stunde vor dem Abendessen den Kameradinnen im Gesellschaftszimmer anschließen dürfe. Was einen Tag davor los war, viel Geflüster und Lauferei bis spät in die Nacht hinein, bemerkte Fannie gar nicht.

An jenem Tag war Madame selbst da, um ihr zu helfen. Das junge Mädchen war noch schwach und stütze sich auf Madames Arm. So gingen sie vorsichtig durch den langen Gang und die Treppe hinunter.

»Meine Liebe, die Mädchen haben eine kleine Überraschung für dich vorbereitet, damit die Stunde mit ihnen besonders schön für dich wird.«

Sie öffnete die Tür und setzte Fannie in den Sessel, während ihre Mitschülerinnen freundlich lächelnd hereinkamen und ein fröhliches Begrüßungslied sangen. Als letzte schlich Belle Burnettee herein, ging auf sie zu, setzte ihr einen Blumenkranz auf den Kopf und sagte: »Liebe Fannie, wir krönen dich heute zu unserer Königin, weil wir sehr gut wissen, wie sehr du uns in Gottes Augen übertroffen hast. Denn Er sieht nicht auf das Äußere, sondern auf das, was im Herzen ist. Du hast uns eine Lektion erteilt, die wir nie vergessen werden, und wir bitten dich als Zeichen unserer aufrichtigen Liebe und unserer Reue für unser Verhalten dir gegenüber in der Vergangenheit, das anzunehmen, was du nach der Rückkehr in deinem Zimmer vorfinden wirst.«

Fannie bekam feuchte Augen und versuchte zu reden, doch Madame sprach für sie. Nach dem nächsten Lied folgten alle ihrer frisch gekrönten Königin in den Speisesaal, wo zur Feier des Tages das verführerischste Festmahl vorbereitet worden war.

Fannie überstand alles ruhig, mit tränennassen Augen, war glücklich und doch so erschöpft von der ungewöhnlichen Aufregung, dass Madame ihr empfahl, an jenem Abend noch nicht nach dem »Dankopfer« der Mädchen zu sehen.

Das erste, was sie am nächsten Morgen erblickte, war eine große Truhe, auf der eine Karte lag. Sie las darauf: »Für Fräulein Fannie Comstock von ihrer Lehrerin und ihren Mitschülerinnen.« Als sie die Truhe öffnete, sah sie, dass sie voll mit neuen Kleidungstücken war. Sie hatte keine

Zeit, alles durchzusehen; dafür ließ man sie nach dem Frühstück mit ihren wunderschönen Geschenken alleine.

Es waren schöne Kleider und Jacken darin, ein neuer Sonnenschirm, Handschuhe, Bänder, Manschetten und

Kragen in Hülle und Fülle – tatsächlich alles, was eine Schülerin gebrauchen konnte. Jede der zweihundertundzehn Schülerinnen hatte das Feinste und das Beste gespendet, damit ihre weniger »betuchte« Kameradin eine komplette Ausstattung erhalten würde.

Auf dem Boden der Truhe lagen eine Mappe voller Schreibwaren, ein Album mit ihren gesamten Zeichnungen und ein schönes Portmonee mit einem Inhalt von fünf Dollar, dazu ein Zettel von Madame: »Mein liebes Kind, dies ist der Beleg für die Bezahlung aller deiner Kosten für die Zeit, in der du auf dieser Schule bleiben möchtest. Ich schenke dir dies zum Zeichen meiner Liebe und Achtung. Jeannette Gazin.«

Gegen Mittag kniete sie weinend wie ein Kind auf dem Boden. Um sie herum lagen ihre neuen Schätze. Aber das tat ihr gut. Bald konnte sie wieder mit der Schule anfangen; wurde mit Freundlichkeit und Rücksichtnahme behandelt, obwohl ihr alle Haare ausgegangen waren und sie kahlköpfig war. Daher musste sie wochenlang eine komische Perücke tragen, die einer Mütze ähnelte.

Als die großen Ferien kamen, lud Belle Burnette sie zu sich nach Hause ein. Die Familie hatte ein wunderschönes Haus am Hudson River, und zum ersten Mal in ihrem Leben befand sich Fannie in der Atmosphäre der Schönheit und des Luxus und wurde als lieber Gast mit Respekt behandelt.

Es dauerte nicht mehr lange und Fannie konnte ihre hässliche Perücke beiseite tun. Es zeigten sich viele dunkle, kastanienbraune Locken auf ihrem Kopf, die wirklich einer Prachtkrone glichen und ihr Gesicht schmückten.

Immer freundlich, liebevoll und von allen geliebt, blieb sie an der Schule, bis sie ihre Ausbildung mit Auszeichnung abschloss. Danach bot ihr Madame die gut bezahlte Stelle der Oberlehrerin an, die sie dankbar antrat.

WIE ES BESS GELANG, TOM ZU BÄNDIGEN

Toms Schwester Nell war ein hübsches Mädchen, und weil sie ein Jahr älter war als er, wollte sie Tom ihre Überlegenheit beweisen.

Der Junge war grob, ungeschickt und gerade in dem Alter, in dem Jungen besonders schroff reagieren auf jeden, der sich in »ihre Angelegenheiten« einmischt.

Er steckte die Hände in die Hosentaschen, stellte seinen Stuhl auf Nells Kleid, legte seine Füße aufs Fensterbrett.

Natürlich zankten sie sich oft. »Um alles in der Welt, Tom, nimm doch deine Hände aus der Tasche«, pflegte Nell sehr verärgert zu sagen.

»Wofür sind die Taschen denn sonst da?, möchte ich mal wissen. Klar gehören meine Hände dort rein«, und Tom ging pfeifend fort.

»Tom, anscheinend hast dir schon seit einer Woche die Haare nicht mehr gekämmt!«

»Wozu auch? In weniger als einer Stunde sind sie sowieso wieder durcheinander.«

»Tom, würdest du bitte deine Stiefel vom Fensterbrett nehmen?«

»Stör mich jetzt nicht, ich lese gerade«, sagte Tom und rührte seine Füße nicht ein bisschen von der Stelle.

Das war natürlich sehr ungezogen von Tom. Auf diese Weise verlief der ganze Tag.

Seine Schwester Bess jedoch hatte eine andere Art, mit ihrem großen Bruder umzugehen. Sie hatte anscheinend verstanden, dass Zuspruch mehr bewirkt als Druck. Manchmal, wenn er im Zimmer saß, die Hände in der Tasche, setzte sie sich eng zu ihm mit einem Buch oder Bild in der Hand, und noch bevor er es merkte, streichelte er mit einer Hand ihre Locken, während er mit der anderen umblätterte oder die Bilder hielt.

Wenn sie ihn zufällig mit den Füßen auf dem Fensterbrett sitzen sah, sagte sie gewöhnlich: »Probier mal meine Fußbank, Tommy, sie ist echt bequem.«

Obwohl Tom dann häufig bemängelte, sie sei zu niedrig, ließ er seine Füße trotzdem auf ihr nieder.

Jedesmal, wenn seine Haare zerzaust waren, näherte sie sich ihm leise von hinten und kämmte ihm die Haare selbst. Sie tat das auf eine Weise, die Tom so gut gefiel, dass er schon auf die Idee kam, sie nur wegen der Wonne dieser Behandlung, in Unordnung zu bringen.

Doch wenigstens die nächsten drei Tage lang strengte er sich ganz besonders an, jedes Härchen in Ordnung zu halten, nur um seiner kleinen Schwester Freude zu bereiten.

Als die Kinder heranwuchsen, half Bess ihrem Bruder immer noch auf dieselbe ruhige und liebevolle Art, ein richtiger Mann zu werden. Wenn sie ein interessantes Buch las, war sie immer darauf bedacht, dass Tom ihre Freude daran teilte. Wenn sie ihre Freunde besuchte, lud sie Tom stets ein, mitzukommen.

»Ich verstehe das nicht«, sagte ihre Schwester Nell, »warum willst du den Kerl immer an deiner Seite haben?

Er ist grob und ungeschickt wie ein Bär.«

»Einige Bären sind sanft wie Kätzchen«, erklärte Bess, hakte sich bei ihm ein und zog ihn liebevoll an sich.

Der »Bär« fühlte eine warme Glut in seiner Brust, ging mit Bess fort und beschloss um ihretwillen, »sanft wie ein Kätzchen« zu sein.

Gedanken eines Mädchens

Warum legt sich der Wind am Abend,
Wenn sich der ganze Himmel rot färbt?
Warum lässt sich der Mond nur sehen,
Wenn ich mich schlafen lege?
Dann erst erscheinen kleine Sterne
Und funkeln hell dort droben.
Die Sonne scheint den ganzen Tag,
Wenn ich Gänseblümchen pflücke und auf
der Wiese spiele.
Ich wünschte mir so sehr, zu sehen
Wie die Sterne leuchten,
Wie der Mond vom Himmel schaut
Und alle Dächer der Stadt versilbert.
Dennoch gehe ich immer zu Bett,
Sobald die Sonne untergeht.

(Alice Van Leer Carrick)

EINE LEHRE FÜR DIE SORGLOSE GRACIE

Gracie und Norma Wilson waren zwei Schwestern im Alter von jeweils vierzehn und zwölf Jahren. Doch selten, denke ich sind zwei Schwestern so unterschiedlich gewesen wie Gracie und Norma. Norma, die jüngere von den beiden, war eine ordentliche kleine Lady, wie man sich jedes Mädchen wünscht. Gracie war das genaue Gegenteil.

Ihre Mutter pflegte oft verzweifelt zu sagen: »Gracie, ich wünschte, du würdest dich wie Norma um dein Zimmer und deine Kleider kümmern. Du läufst in Kleidern herum, an denen die Knöpfe entweder locker sind oder völlig fehlen. In Kleidern, die dringend genäht werden müssten, ganz zu schweigen von der Unordnung in deinem Zimmer. Ich würde mich sehr freuen, wenn du das alles ein bisschen ernster nehmen würdest. Ohne Sinn für Ordnung kann keine junge Frau der Gesellschaft zum Nutzen werden.«

Gracie suchte nach Ausreden für ihre Fehler und führte dies oder das als wahren Grund für ihre Nachlässigkeit an. Ihre arme Mutter wusste nicht mehr ein noch aus.

Wie nur sollte sie Gracie ihre Pflichten klar machen? Sie schüttelte den Kopf und sagte: »Mein liebes Kind, du kannst dich nicht herausreden. Pflichten darf man nicht auf die leichte Schulter nehmen, ganz gleich, ob es sich um deine Kleidung oder dein Zimmer handelt.

Du hast viel Zeit für beides und solltest dir Mühe geben, den Teil der Arbeit zu leisten, der dir zukommt.«

Während Frau Wilson ihre ältere Tochter auf diese Weise beriet und bat, ihren häuslichen Pflichten in den kleinen Dingen nachzukommen, war Norma sehr beschäftigt: Sie machte ihr niedliches Zimmer sauber, brachte ihre Sommerkleider in Ordnung: besserte Spitzen und Säume aus, nähte Knöpfe, Haken und Ösen an.

Sie war so ein fröhliches und fleißiges junges Wesen, dass Gracies Faulheit im Licht von Normas Geschäftigkeit um so mehr ins Auge stach.

An einem Nachmittag, als Gracie untätig in der Hängematte saß, die auf der großen Veranda mit der Markise hing, klingelte das Telefon. Norma nahm den Anruf entgegen. Sie erhielt eine Nachricht, die sie übers ganze Gesicht strahlen ließ und antwortete: »O ja, sicher, wir würden uns sehr freuen, wir kommen gerne mit.

Ich danke Ihnen vielmals auch im Namen meiner Schwester. Wann sollen wir fertig sein? Um vier Uhr, heute Nachmittag? Sehr gut. Wir bereiten auch das Essen zum Mitnehmen vor? Ja, gut. Das machen wir sehr gern. Bis bald.«

Dann lief Norma zur Veranda und rief Gracie aufgeregt zu: »Schwesterherz, Frau Jackson hat uns – dich und mich – eingeladen, mit ihr, Flora und Tommy einen Ausflug zu machen. Wir werden am Strand – unten bei Blake Island – anhalten und ein Mondschein- Picknick machen. Gegen 9.00 Uhr werden wir zurück sein. Ist das nicht toll? Ich weiß, Mama wird sich freuen, dass wir mitfahren dürfen, also habe ich die Einladung für uns beide angenommen. Sie kommt aber erst in einer guten Stunde nach Hause. Um vier geht's los. Jetzt ist es zwei Uhr. Wir müssen uns beeilen, damit wir fertig sind, wenn Frau Jackson kommt. Wir dürfen sie nicht warten lassen.«

»Sollen wir Essen mitbringen?« fragte Gracie träge, wollte sich aber anscheinend von der Hängematte nicht erheben.

»Ja, Frau Jackson hat gesagt, wir sollen Essen mitnehmen. Sie bringt belegte Brote, Plätzchen und Konfitüre mit. Wir können was anderes beisteuern. Am besten wir kochen Eier. Ich laufe schnell zu unserm Lieblingsbäcker und hole einen guten Kuchen – einen von den leckeren weißen, du weißt schon. Wird das nicht klasse?«

»Was ziehst du an?« fragte Gracie und betrachtete sich jetzt mit etwas kritischem Blick.

»Ich denke, mein rosa Leinenkleid«, antwortete Norma.

»Aber ich muss mich beeilen, die Eier müssen ja sofort aufgesetzt und dann in den Kühlschrank gelegt werden, damit sie abkühlen und hart werden können. Sonst kann man sie nicht in den Picknickkorb legen.«

Und fort war die sorgsame Norma. Sie lief in die Küche und setzte die Eier auf.

In kurzer Zeit waren sie gekocht und lagen zum Abkühlen im Kühlschrank, während Norma Kleid, Schuhe und Hut zurechtlegte und was sonst noch zu ihrer Ausflugsgarderobe gehörte.

Gracie war dagegen nicht so energiegeladen. Sie erhob sich aus der Hängematte, ging in ihr Zimmer und schaute ihre Kleider durch, um festzustellen, welches davon sie anziehen konnte. Sie suchte ein blaues Baumwollkleid aus, das im besten Zustand zu sein schien. Beim näheren Betrachteten sah sie jedoch einen Riss im Rock, und zwei Knöpfe fehlten. »Was für ein Pech«, erklärte sie gereizt. »Nie habe ich ein Kleid, das in völlig Ordnung ist. Ich will Mama bitten – wenn sie wieder zurück ist –, dass sie mir die Knöpfe annäht und den Riss flickt. Mal sehen – am weißen Kleid ist die Spitze an manchen Stellen gerissen; am karierten Leinenkleid sind alle Knöpfe abgerissen. Ja, das blaue aus Baumwolle ist das beste.« Sie nahm das Kleid und ging die Treppe hinunter ins Wohnzimmer.

Frau Wilson war gerade zurückgekommen, nachdem sie einige kurze Besuche gemacht hatte. Sie hörte, wie Norma ihr erzählte, dass sie und Gracie eingeladen seien und ihnen eine schöne Zeit an diesem Nachmittag und Abend bevorstehe. »Ich wusste, Mama, du würdest nichts gegen unseren Ausflug haben«, sagte Norma, »deshalb nahm ich die Einladung sofort an.«

»Nein, natürlich habe ich nichts dagegen«, sagte Frau Wilson. »Ganz im Gegenteil, ich bin sehr froh darüber, dass Frau Jackson und ihre lieben Kinder euch auf diese Fahrt mitnehmen. Ihr werdet bestimmt eine wunderschöne Zeit verbringen. Wie steht's mit dem Mittagessen? Ist schon alles fertig?«

»Die Eier sind fast fertig«, sagte Norma. Dann wandte sie sich zu ihrer Schwester: »Würdest du einen Kuchen und etwas Obst holen, Gracie?«

Gracie runzelte die Stirn. »Ich habe ja keine Zeit dafür«, beschwerte sie sich. Dann wandte sie sich an ihre Mutter: »Mama, würdest du so nett sein, das Kleid, das ich anziehen will, auszubessern? Ich muss mich noch waschen, kämmen und so weiter.«

Frau Wilson schüttelte ihren Kopf. »Gracie, früher oder später musst du in den sauren Apfel beißen. Jetzt ist die beste Zeit dafür. Du musst dein Kleid selbst ausbessern, mein Kind. Ich habe dich doch mehrmals gebeten, deine Kleidung schön in Ordnung zu halten. Wenn du dich um deine Sachen nicht kümmerst, musst du die Folgen selbst tragen. Hilf Norma bei der Zubereitung des Essens. Es ist nicht fair, dass Norma die ganzen Vorbereitungen alleine treffen muss. Du solltest ihr die Hälfte davon abnehmen.«

Gracie wurde schamrot, ging die Treppe hinauf und fing an, ihr Kleid zu flicken. Kaum hatte sie damit begonnen, hörte sie die Stimme ihrer Mutter: »Geh bitte lieber den Kuchen holen, Tochter, bevor du mit dem Nähen beginnst. Falls du aus irgendeinem Grund nicht fertig sein solltest, wenn Frau Jackson vorbeikommt, soll Norma nicht enttäuscht werden. Das Essen muss fertig sein.«

Gracie wollte die Bitte ihrer Mutter nicht erfüllen, aber Frau Wilson bestand darauf. »Tu bitte, was ich Dir sage, meine Tochter, geh jetzt zum Bäcker, hol den Kuchen und bring auf dem Rückweg noch eine Tüte gutes Obst mit.«

Gracie musste gehorchen, tat das aber ungern. Sie fürchtete, sie würde bis vier Uhr nicht fertig sein; es musste ja noch so viel vorbereitet werden. Schnell lief sie zum Bäcker und holte den Kuchen. Auf dem Rückweg kaufte sie eine Tüte Obst. Ein Blick auf die Stadtuhr zeigte ihr, dass nur noch fünfundzwanzig Minuten bis zu ihrem Ausflug übrig waren.

Einen Augenblick lang war sie außer sich, dass sie den Kuchen und das Obst hatte holen müssen. Aber je mehr sie darüber nachdachte, desto deutlicher wurde ihr ihre eigene Schuld. Ja, sie hatte sich wenig um ihre Arbeit gekümmert. Und wenn sie die Fahrt verpassen sollte – wäre ihr dies eine Lehre.

Sobald Gracie den Kuchen und das Obst Norma in die Hand gedrückt hatte, lief sie die Treppe hinauf, um ihr Kleid in Ordnung zu bringen. Norma war schon fertig. Sie sah adrett aus in ihrem hübschen Leinenkleid.

Sie machte den Picknickkorb zurecht, versah ihn mit einer weichen, weißen Serviette, legte ein Dutzend hartgekochter Eier darauf, die in weißes Papier gewickelt waren. Dann der Kuchen, ebenso appetitlich angerichtet, gelbe Apfelsinen, saftigrote Pfirsiche und goldgelbe Birnen.

Genau um zehn Minuten vor vier wartete Norma auf der Veranda. Punkt vier Uhr sauste Frau Jacksons Auto um die Ecke. Flora und Tommy saßen auf dem Rücksitz, die Mutter vorne, neben dem Fahrer. Auf dem großen Rücksitz neben Flora und Tommy war genug Platz für Norma und Gracie.

»Sind alle so weit?« fragte Frau Jackson.

Norma wollte schon ihre unpünktliche Schwester entschuldigen, als ihre Mutter auf der Veranda erschien. Nachdem sie sich eine Weile mit Frau Jackson in ihrer freundlichen Art unterhalten hatte, schickte sie Norma mit dem Korb zum Auto. »Gracie ist selbst daran schuld, dass sie sich so verspätet hat. Heute wird ihr das eine gute Lehre sein. Sie wird sicherlich kein Picknick mehr aus Faulheit verpassen.«

Dann sprach Frau Wilson, während Norma ins Auto einstieg, leise mit Frau Jackson und erklärte ihr, warum Gracie an der Spazierfahrt nicht teilnehmen würde. Obwohl alle sehr bedauerten, dass Gracie zu Hause bleiben musste, wussten sie, dass es Gracie gut tun würde, aus der Enttäuschung zu lernen.

Als das große Auto mit der glücklichen Picknickschar auf der Strasse in Richtung Blake Island verschwand, stand Gracie weinend am Fenster und sah ihnen nach.

Tief in ihrem Herzen wusste sie, dass sie diese Enttäuschung wegen ihres Fehlverhaltens erleben musste. An diesem Tag schwor sie: Ab heute wird alles anders!

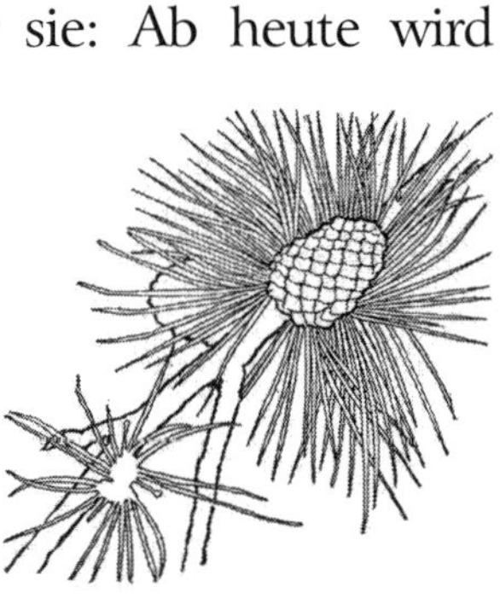

STELLVERTRETENDE STRAFE

Wenn man von *stellvertretender Strafe* spricht, meint man die Art von Strafe, die Christus für uns getragen hat, als er am Kreuz hing, als Gerechter für die Ungerechten. Das ist nicht leicht zu verstehen, oder?

Ich höre euch schon sagen: »Wir wollen gar nicht wissen, was dieser komplizierte Ausdruck bedeutet.«

Wartet ruhig noch ein bisschen, ich erzähle euch nämlich eine Geschichte.

Es war ein warmer Sommernachmittag; ein sanfter Wind wehte durch die Fenster der Dorfschule, schob die Gardinen zur Seite und blätterte in den Seiten der aufgeschlagenen Lehrbücher auf den Schultischen.

Dreißig bis vierzig Schülerinnen und Schüler unterschiedlichen Alters beugten sich über ihre Hefte und schrieben. Alles war still, nur die Stimme des Lehrers war zu hören.

Vielleicht haltet ihr es kaum für möglich, aber auch in diesem Klassenzimmer gab es echte Helden und Heldinnen. Das versichere ich euch! Die Glocke läutete und beendete die Schreibarbeiten; jetzt war es Zeit für die letzte Übung an diesem Tag: Das Buchstabieren. Hieran beteiligte sich fast die ganze Klasse. Auf Platz eins in der Reihe stand Eunike, ein zartes Mädchen, mit hellen Augen und sehr aufmerksam. Man sah ihr an, dass sie diesen Platz schätzte und gern behalten wollte.

Soeben kam Eunike mit einem Wort dran, dass bereits durch das ganze untere Ende der Reihe gewandert war. Keiner hatte es richtig buchstabieren können. Das Wort hieß Privileg. »P-r-i-v: priv – i: privi – l-e-g: Privileg«, buchstabierte Eunike. Aber der Lehrer war verwirrt durch die Fehler der anderen Schüler, missverstand deshalb ihre Antwort und gab das Wort an den nächsten weiter.

Das Mädchen war erstaunt, errötete bis hinter die Ohren und hörte gespannt dem nächsten zu, der das Wort erneut buchstabierte.

»Sehr gut«, sagte der Lehrer, »du darfst aufrücken!«

»So habe ich es auch buchstabiert«, flüsterte Eunike leise, wie zu sich selbst; und Tränen traten ihr in die Augen, als sie den ersten Platz räumen musste. Aber sie war zu schüchtern, um sich zu melden, und blieb auf dem zweiten Platz, fest entschlossen, bei der nächsten Runde wieder aufzurücken. Doch dieses Unrecht sollte nicht ihre letzte Anfechtung gewesen sein.

In dieser Schule waren bereits viele Mittel erprobt worden, um den Erzfeind aller Lehrer zu besiegen – das Flüstern. Schließlich schlug man folgendes vor: Wer als erstes beim Flüstern erwischt wurde, musste sich neben das Lehrerpult stellen und dort solange ausharren, bis er einen anderen beim Flüstern ertappte. Dann durfte er wieder auf seinen Platz und der nächste lauerte angespannt, um noch einen Schuldigen zu finden; denn sobald die Schule aus war, wurde der Schüler, der als letzter auf dem Platz des »Flüsterers« stand, sehr streng bestraft.

Die Methode schien sehr wirksam zu sein; denn jeder hatte Angst davor, bei Schulschluss noch auf diesem Platz zu stehen. Obwohl dies die Kinder bewog, sich an die Regeln zu halten, zweifelten viele Eltern und Schüler daran, ob dies gerecht sei.

Der Junge, der gerade als »Flüsterer« neben dem Lehrerpult stand, war ein aufsässiger und grober Bursche; man hatte ihn schon oft wegen seiner Untaten bestraft.

Die Schule war fast zu Ende und er zitterte allmählich. Als er Eunikes unwillkürliches Flüstern hörte, blitzte sein Gesicht auf; jetzt war er gerettet. Als die Übung zu Ende war, sagte er: »Herr Lehrer, Eunike hat geflüstert.«

Eunike stand auf und erklärte mit zitternder Stimme, was sie gesagt hatte; der Lehrer aber sah darin keinen Grund zur Entschuldigung und forderte sie auf, den Platz des erbarmungslosen Jungen einzunehmen, der sie angezeigt hatte.

Die Lehrbücher wurden weggelegt und die ganze Klasse beobachtete mitleidsvoll, wie Eunike ihren Platz verließ, und sich dem Lehrer näherte, um die strenge Strafe entgegenzunehmen. Sie war eine der besten Schülerinnen; klug, aufrichtig, gutmütig, und bei allen beliebt.

Alle fanden es unfair; und viele blickten ärgerlich auf den Jungen, der gemein genug war, das Mädchen der Strafe auszusetzen. Sie stand am Lehrerpult und weinte bitterlich, während der Lehrer sich auf die Strafe vorbereitete.

In diesem Moment erhob sich ein großer Junge von seinem Platz, kam nach vorne und fragte:

»Herr Lehrer, wollen Sie Eunike mit dem Stock schlagen?«

»Ja, ich halte mich immer an meine Regeln!« antwortete der Lehrer.

»Das lassen wir nicht zu!« sagte der Junge aufgeregt.

»Kein Junge außer diesem würde zulassen, dass Sie Eunike schlagen! Schlagen Sie mich, Herr Lehrer, wenn Sie sich an Ihre Regel halten müssen, aber tun Sie ihr das nicht an!«

Der Lehrer hielt inne. Die Klasse starrte gebannt auf seine Lippen mit Tränen in den Augen.

»Meinst du, du willst für sie bestraft werden?« fragte der Lehrer.

»Genau, Herr Lehrer«, war die mutige Antwort. Das Mädchen, hatte aufgehört zu weinen und wurde auf ihren Platz geschickt. Ohne mit der Wimper zu zucken stand ihr Freund da und ertrug die Strafe.

Nach der Schule bewunderten und lobten die Jungen ihn für seinen Mut und seine Tapferkeit. Das war eine stellvertretende Strafe – jemand nahm freiwillig eine Strafe auf sich, die eigentlich ein anderer hätte tragen müssen.

Jetzt versteht ihr, dass der Retter der Menschen für uns dasselbe getan hat, als Er unsere Sünden in seinem eigenen Leib am Kreuz trug, nicht wahr? Was Er erlitten hat, können wir in diesem Leben nicht begreifen. »Aber der Herr warf unsere Schuld auf ihn« (Jesaja 53,6); und er trug sie freiwillig für uns, um uns vor dem Tod zu retten. »Durch seine Wunden sind wir geheilt.« (Vers 5) Wie viel Dank sind wir alle so einem Freund schuldig!

PATTIS GEHEIMNIS

Frau Lomax öffnete leise die Tür zum Krankenzimmer und schaute hinein. »Ich bin wach, Mutter«, sagte eine Stimme aus dem weißen Krankenbett. »Komm rein!«

Die Dame brachte das glimmende Feuer zum Aufflackern und öffnete die Jalousien. Es war bitterkalt und Meister Frost hatte die Fensterscheiben mit Silberbildern von Wäldern und Schlössern geschmückt.

»Was hat dich so früh geweckt, Patti, meine Liebe?«, fragte die Mutter und setzte sich an den Bettrand. Zu ihrer Überraschung strahlte das junge Gesicht bis über beide Ohren.

»Ich hatte so einen merkwürdig schönen Traum«, sagte Patti und ihre Augen leuchteten. »Wahrscheinlich hat der Traum mich geweckt.«

»Was hast du geträumt, Liebes?« Doch Patti schwieg. »Willst du mir deinen Traum nicht erzählen, Töchterchen?«

»Ich denke lieber nicht, Mutter, wenn es dich nicht stört.«

»Nein, es stört mich nicht.«

»Dann werde ich es besser für mich behalten.« Pattis Mutter wusste keinen Traum zu erzählen, denn sie hatte kaum eine einzige Stunde geschlafen zwischen Einbruch der Dunkelheit und Morgengrauen. Stundenlang hatte sie neben dem Bett auf den Knien verbracht und dort Gott ihr Herz im Gebet für ihren Liebling ausgeschüttet, der sich am nächsten Tag einer schmerzhaften und gefährlichen Operation unterziehen musste.

Tagelang hatte auch Patti in trauriger Nervosität und Depression verbracht; es war aus mehreren Gründen notwendig gewesen, dass man ihr mitteilte, was sie erwartete. Obwohl sie es für ihr Alter mit Fassung trug, konnte es für sie nicht anders sein als das Betreten einer dunklen Wolke.

Trotzdem war da ein Lächeln auf ihren Lippen und ein Licht in ihren Augen, obwohl die Stunde der Prüfung gekommen war!

Jede Woche nach der Operation brachte Patti der vollen Genesung näher und dem Ende ihres Gefängnisdaseins hinter den Fensterscheiben. Die Feuerprobe war bestanden und der Chirurg sagte, dass Mädchen habe sie so gut verkraftet, ohne Fieber und irgendwelche Entzündungen, weil sie so ruhig und mutig sei, sich nicht aufrege oder ärgere.

Als Patti dieses Lob hörte, lächelte sie nur und sage: »Das ist mein Geheimnis.« Obwohl sie nicht nachbohrte, fragte sich Pattis Mutter manchmal, wovon sie sprach und warum sie ihr das Geheimnis nicht eröffnen wollte.

Doch eines Tages bekam Patti mit, wie eine Besucherin von einem andern Kind sprach, das kurz vor einer Operation stand. Die Besucherin war eine Angestellte des Sankt Lukas Spitals und das Kind, von der sie sprach, war eine mittellose Patientin, deren Operationskosten von Wohlfahrtsgeldern bezahlt wurden. Sie war eine Waise und hatte keine Freunde außer den lieben Menschen im Waisenhaus, in das sie gekommen war, als sie wenige Monate alt war.

Patti war sehr still, bis die Besucherin gegangen war; als Mutter sich dann zum Sofa drehte, fand sie ihr Töchterchen ganz aufgelöst.

»Ach, Mutter«, weinte sie, »ich muss das Mädchen sehen; ich habe ihr etwas zu sagen.«

»Ich gehe für dich zu ihr, Liebes«, sagte Frau Lomax, »und sage ihr alles, was du möchtest.«

Doch Patti, die Vernünftige und Gehorsame, schien nicht auf Vernunft hören zu können. Sie weinte und bettelte, dass man sie doch zum Spital bringe, bis ihre Mutter schließlich einwilligte, wenn sie mit ihrem Vater in einer geschlossenen Kutsche fahren würde, er sie hinein- und herausheben und sie jede Stufe in den Treppenhäusern hinauf- und hinuntertragen würde.

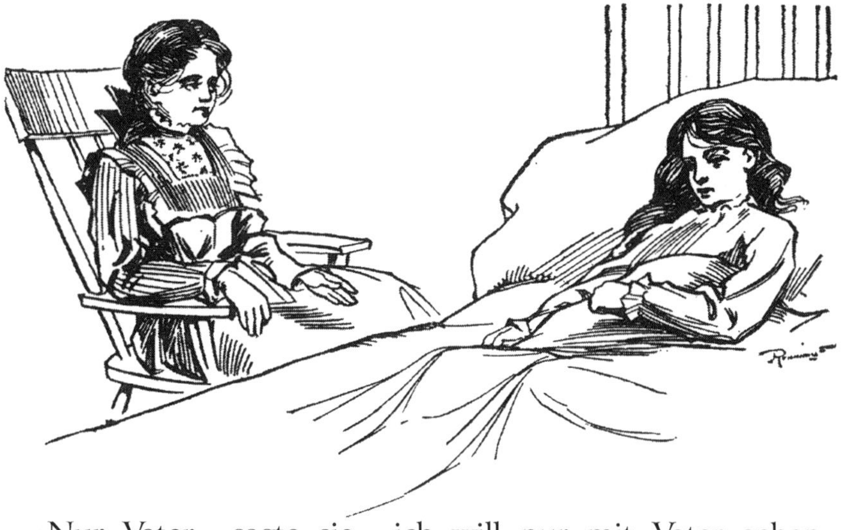

»Nur Vater«, sagte sie, »ich will nur mit Vater gehen.«

Die Fahrt schien Patti nichts ausgemacht zu haben. Im Wartezimmer nahm sie die Decke ab, in die sie eingewickelt war. Als ihr Vater sie auf die Station trug, flüsterte sie etwas nervös: »Kann ich das Mädchen ganz alleine sprechen, Vater?

Herr Lomax hatte Probleme mit dieser verbohrten Heimlichtuerei. »Ich denke nicht, Tochter«, sagte er streng; »die Krankenschwester wird ihre Patientin kaum den Händen einer solch jungen Dame überlassen. Warum vertraust du mir nicht so, dass ich hören darf, was du zu sagen hast?«

Patti zögerte eine Minute und sagte dann: »Ich habe solche Angst, dass du darüber lachst oder sagst es war nur Einbildung; ach, ich könnte das Lachen nicht ertragen, weil es mir so geholfen hat.«

»Du bist ein liebes Mädchen«, sagte er zu sich selbst. Dann antwortete er Patti sanft: »Du brauchst keine Angst haben, Liebling. Ich weiß jetzt, was du fühlst. Was du auch sagst, ich werde es in Ehren halten.«

Nichts weiter wurde gesprochen, doch die kleinen Arme klammerten sich fester um seinen Hals und er hörte einen schwachen Seufzer der Zufriedenheit.

Sie auslachen? Nicht einmal lächeln würde der Zuhörer über Pattis Geheimnis, höchstens froh überrascht sein, wie wenn er plötzlich einen Engel zu ihm gesprochen hätte.

In einfacher Sprache, so wie Kinder untereinander sprechen, erzählte Patti der kleinen Krankenhauspatientin von ihrer eigenen langen Leidens- und Krankheitszeit; wie sie Angst gehabt hatte vor dem OP-Tisch, dem Messer, den Nadelstichen und all den Schrecken einer Operation.

»Doch in der Nacht bevor es geschehen sollte«, sagte Patti, »betete ich aus tiefstem Herzen zum Heiland, dass er mir helfe, die Schmerzen auszuhalten. Ich schlief ein und träumte, dass ich Ihn sah. Ach, ich wünschte du könntest sehen, wie er aussah! So als wäre er alle Mütter und Väter in einer Person. Ich konnte ihn nicht reden hören, doch ich wusste von Seinem Lächeln, dass Er bei mir sein würde. Als ich aufwachte, erinnerte ich mich gehört zu haben, wie Er beim Gehen sagte, »Siehe, ich bin bei euch alle Tage.« Danach hatte ich keine Angst mehr.

»Hat es sehr weh getan?« fragte das Kind im Krankenbett begierig.

»Ich weiß es nicht«, sagte Patti verwundert, »vielleicht.

Der Arzt konnte mir nicht so viel von dem Einschlafzeug verabreichen, wie er es bei dir tun kann. Manchmal wusste ich, was er tat und spürte Schmerzen. Doch es hat mich nicht gestört; ich sagte mir: 'Warum? Ich kann es problemlos ertragen, solange es sein muss.' Weißt du? Jesus hat mein Gebet erhört und Er wird auch deines hören. Vergiss nicht, dass Er gesagt hat:

»Siehe ich bin bei euch.«

»Wirst du ihn für mich bitten?« sagte die kleine Fremde; »Ich kenne ihn nicht so gut.«

Patti versprach es.

MOPPSIS FEHLER

An einem kalten Abend kam der Onkel zu Besuch. »In seinem großen Mantel sieht er nun wirklich wie ein Bär aus«, dachte Lisa. Er packte Lisa und umarmte sie auch wie ein Bär.

»Hallo, Moppsi! Wo ist denn Poppsi?« fragte er. Poppsi, ein zwei Jahre altes Mädchen, war Lisas kleine Schwester. Sie hieß genauso wenig Poppsi wie Lisa Moppsi. »Der Onkel Jack verteilt halt immer lustige Spitznamen«, dachte Lisa.

»Die ist schon im Bett,« antwortete sie.

Dann steckte Onkel Jack die Hand in die Manteltasche, knisterte einen Augenblick lang mit dem Papier, zog schließlich zwei weiß-rote Zuckerstangen hervor und reichte sie Lisa. »Schade, dass Poppsi schon schläft,« sagte er. Leider schien Lisa sich darüber zu freuen.

»Möchtest du nicht eins für Grace aufheben?« fragte Mama. In Wirklichkeit hieß Poppsi Grace.

»Nein,« antwortete Lisa, »ich glaube, Zuckerstangen sind für kleine Mädchen nicht gut. Außerdem will ich sie lieber selber essen.«

Gerade hatte sie den letzten Bissen verschluckt, da hörte man eine Stimme aus dem Schlafzimmer: »Mama!«

»Oh!« sagte Onkel Jack, »Poppsi ist wach!«

Im nächsten Augenblick erschien die Mama mit der Kleinen auf dem Arm. Sie lächelte, und auf den rosaroten Wangen zeigten sich ihre Grübchen.

Onkel Jack raschelte wieder in seiner Tasche und – »Das ist für Poppsi!« sagte er.

Sie nahm die zwei Zuckerstangen in die kleinen Hände, betrachtete sie kurz und – die süße kleine Poppsi! – reichte Lisa die größere von beiden.

»Die iss für dich,« quiekte sie, »und die iss für mich!«

Arme Lisa! Sie ließ den Kopf hängen und errötete. Irgendwie wollte sie weder auf Onkel Jack noch auf Mama blicken. Was meint ihr, warum?

»Die iss für dich!« wiederholte die frohe Poppsi und drückte Lisa die größere Zuckerstange in die Hand.

»Nimm sie, Lisa,« sagte Mama.

Und Lisa nahm sie. Kurz danach hörte Mama, wie Lisa zu Poppsi sagte:

»Ich werde nicht mehr so gierig sein, liebe Poppsi. Ich will ab jetzt auch immer alles mit dir teilen, mein Leben lang!«

DAS LIED EINES MÄDCHENS

Vor etwa zwei Jahren wurden durch einen schrecklichen Unfall im Kohlebergwerk von Scranton, Pennsylvania, mehrere Männer drei Tage lang von der Außenwelt abgeschnitten. Alle Anstrengungen, sie zu retten, erwiesen sich als vergeblich.

Die Mehrheit der Bergmänner waren Deutsche. Sie waren äußerst schockiert. Mitleid mit den Frauen und Kindern der Verschütteten und Verzweiflung wegen ihrer fruchtlosen Anstrengungen trieben sie fast zur Verzweiflung.

Eine große Menge angespannter Männer und Frauen versammelte sich am Grubeneingang am Abend des dritten Tages, äußerst nervös, bereit zu jeder verrückten Tat. Ein mürrisches Murren kam auf. Es sei absurd weiter zu graben – die Männer seien tot. Darauf folgte ein Wutschrei gegen die Bergwerkbesitzer.

Ein übereiltes Wort, eine vorschnelle Geste hätte einen Ausbruch des Zorns auslösen können. In meiner Nähe stand ein kleines deutsches Mädchen, vielleicht elf Jahre. Ihr blasses Gesicht und ihre ängstlichen Blicke von einer Seite zur anderen zeigten, dass sie die Gefahr des Augenblicks voll begriffen hatte. Plötzlich fing sie an mit großer

Anstrengung zu singen heiser flüsternd, fast unhörbar. Dann bekam sie Mut und ihre süße Kinderstimme sang den großartigen alten Choral, den jeder Deutsche von klein auf kennt: »Ein feste Burg ist unser Gott.«

Es herrschte Todesstille. Dann fiel eine Stimme in das Lied ein, bald noch eine und noch eine, bis aus der großen Menge der ernste Schrei hinaufstieg: –

Mit unsrer Macht ist nichts getan,
Wir sind gar bald verloren;
Es streit' für uns der rechte Mann,
Den Gott hat selbst erkoren.
Fragst du, wer der ist?
Er heißt Jesus Christ,
Der Herr Zebaoth,
Und ist kein andrer Gott;
Das Feld muss er behalten.

Eine große Ruhe schien sich in ihren Herzen auszubreiten. Sie packten ihre Arbeit mit frischen Eifer an und noch vor Morgengrauen hörte man den Freudenruf aus der Grube, dass die Männer gefunden seien – und am Leben. Selten kam ein Wort rechtzeitiger als das Lied des Kindes.

CARRIES MALZEICHEN

»Denn ich trage die Malzeichen Jesu an meinem Leibe,« (Galater 6,17) wiederholte Frau Evans langsam. »Meine lieben Mädchen, habt ihr diese Malzeichen? Vor vielen Jahren in Indien versah man jeden Sklaven am Arm mit einem Brandzeichen, das den Namen seines Besitzers zeigte; wer ihnen begegnete, konnte daher sofort wissen, wem sie gehörten. Zeigt euer Leben auch allen Menschen, denen ihr begegnet, den Namen Jesus Christus?«

»Hör mal, Belle«, rief Jenny Day aus, als sie auf dem Nachhauseweg waren. Hast du Sarah Brooks in dem neuen Seidenkleid gesehen. Sie kam sich ganz schön toll vor, nicht wahr?«

»Von wegen neu«, antwortete Belle White, »ich bin fast hundert Prozent sicher, dass es aus einem alten Kleid ihrer Mutter genäht wurde.«

»Wie gehässig sie doch sind,« dachte Carrie Maynard. »Ich bin so froh, dass ich nicht so von anderen spreche.« »Wisst ihr was?«, sagte sie laut, »mir scheint, ihr vergesst sehr schnell, was uns Frau Evans über die Malzeichen vorgelesen hat. In der Bibel steht: ‚Liebe … kennt keinen Neid, keine Selbstsucht.'«

»Ja,« antwortete Belle ungehalten, »dort heißt es aber auch: ‚Liebe … prahlt nicht und ist nicht überheblich.'« (1. Korinther 13,4 Hfa)

»Bin ich etwa eingebildet und zitiere nur die Verse, die mich selbst nicht betreffen?«, fragte sich Carrie. »Bestimmt gehört Demut auch zu den Malzeichen.« Sie ging die Treppe hinauf und bat Gott, ihr ihre eigene Bosheit zu zeigen. Sie konnte sich aber kaum vorstellen, wie schnell Gott ihr Gebet erhören würde.

Nach dem Mittagessen spülte sie das Geschirr, trocknete es ab und räumte es vorsichtig in die Schränke. »Also,« dachte sie, »wenn Reinlichkeit gleich nach Frömmigkeit kommt, dann hab ich ganz sicher schon mal ein Malzeichen, denn Mama sagt, ich sei ein ungewöhnlich sauberes Mädchen.«

Inzwischen hatte Charlie sich eines von Carries Büchern genommen, weil er seine eigenen Bücher schon langweilig fand.

»Gib her, das ist meines!« schrie Carrie und versuchte es in die Finger zu bekommen.

»Warte, ich lese die Seite noch fertig,« sagte er und hielt das Buch außer Reichweite.

»Nein, ich will es jetzt haben,« forderte sie energisch, erwischte es aber erst nach einigen verzweifelten Versuchen, jedoch nicht ohne einen Kratzer auf seiner Hand hinterlassen zu haben und selbst ein paar Mal in den Arm gekniffen worden zu sein.

Sie schlug das Buch auf, und das erste, was sie darin las, war der Vers: »Geduld aber habt ihr nötig.« (Hebräer 10,36)

»Meine Güte,« seufzte sie, »es gibt noch ein Malzeichen. Ich muss das Buch jetzt wohl Charlie zurückgeben und ihn um Entschuldigung bitten.«

»Entschuldige bitte, dass ich mich so schlecht benommen habe, du darfst das Buch für den ganzen Nachmittag ausleihen,« flüsterte sie.

Charlie hörte auf zu pfeifen. »Unglaublich, du bist tatsächlich Christin geworden, Carrie«, sagte er und pfiff weiter. Carrie aber ging leise die Treppe hinauf.

SUSIS GEBET

Es war ein Ferientag. Die Kinder waren draußen auf der Wiese und hatten großen Spaß.

»Kommt, Jungs und Mädchen«, rief Ned Graham, »wir spielen Fang-das-Eichhorn.«

Alle wollten mitspielen. Sie bildeten einen großen Kreis mit Ned Graham als Anführer, denn er war der größte von allen.

»Komm, Susi«, sagte einer der Buben zu einem Mädchen, das an der Seite stand und zu zögern schien.

»Ach, kümmer dich doch nicht um die!«, sagte Ned und schüttelte verächtlich den Kopf, »sie ist ein Niemand. Ihr Vater trinkt.«

Das Gesicht des Kindes errötete rasch, als sie die harten, gedankenlosen Worte hörte.

Sie war sehr empfindsam und der Pfeil hatte ihr Herz an der wundesten Stelle getroffen.

Ihr Vater war ein Trinker, das wusste sie; doch vor so vielen damit verspottet zu werden, war mehr als sie tragen konnte. Mit heftigem Schluchzen und heißen Tränen drehte sie sich um und rannte von der Spielwiese.

Ihre Mutter saß am Fenster, als sie heim kam. Ihr verweintes Gesicht verriet ihr, dass etwas vorgefallen war.

»Was ist passiert, Susi?«, fragte sie freundlich.

»Ach Mutter«, sagte Susi und die Tränen liefen ihr die Wangen herunter, als sie ihr Gesicht in Mutters Schoß vergrub. »Ned Graham sagte etwas Böses über mich ...« Ihr Schluchzen erstickte ihre Stimme. Sie konnte kaum sprechen: »Er sagte, das ich ein Niemand sei und dass Vater trinkt.«

»Mein armes Mädchen«, sagte Frau Ellet traurig. Auch sie hatte Tränen in den Augen.

Solcher Spott war nichts Neues für die Familie.

»Ach Mutter«, sagte Susi und hob ihr tränennasses Gesicht aus dem Schoß ihrer Mutter, »ich kann es nicht ertragen, wenn sie das sagen und tun als hätte ich etwas Böses getan. Ich wünschte Vater würde nicht trinken!

Meinst du, er wird jemals damit aufhören?«

»Ich hoffe es«, erwiderte Frau Ellet und küsste Susi dort, wo die Tränen wie Tautropfen an einer Rose hingen. »Ich bete, dass er mit dieser Gewohnheit bricht. Beten ist alles, was ich tun kann. Denn Rest muss ich Gott überlassen.«

An diesem Abend kam Herr Ellet wie gewohnt zum Abendessen heim. Er war ein hart arbeitender Mann und ein guter Nachbar. Das sagte jeder, doch diese unmäßige Gewohnheit hatte ihn so fest im Griff, dass jeder dachte, er würde seine Tage in einem Trinkergrab beschließen.

Susi küsste ihn, als er durchs Tor kam, wie sie es immer tat, doch in ihrem Gesicht sah er etwas, das sein Herz berührte. Ein so trauriger, sorgenvoller Blick, und das in ihrem Alter!

»Was bedrückt dich, mein Mädchen?«, fragte er und strich ihr über die Locken.

»Ich kann es dir nicht sagen, Vater«, antwortete sie langsam.

»Warum?«, fragte er.

»Weil du dich schlecht fühlen würdest«, erwiderte Susi.

»Ich glaube nicht«, sagte er und sie gingen zur Tür.

»Was ist es, Susi?«

»Ach Vater«, und Susi brach wieder in Tränen aus, als ihr Ned Grahams Worte frisch ins Gedächtnis kamen, »ich wünschte, du würdest nicht mehr trinken, denn die Buben und Mädchen wollen mit mir nicht spielen, weil du trinkst.«

Herr Ellet antwortete nicht. Doch etwas bewegte sein Herz. Er schämte sich dafür, dass er der Grund für soviel Sorge war.

Nach dem Abendessen nahm er seinen Hut und Frau Ellet wusste nur zu gut, wohin er ging. Zuerst hatte er vor, diesen Abend daheim zu bleiben, doch der Zwang der Gewohnheit war so stark, dass er nicht widerstehen konnte; er gab nach und versprach sich, dass er nur ein Glas oder zwei trinken würde.

Susi hatte den Tisch verlassen, bevor er sein Abendessen beendete. Als er nun an den Fliederbüschen vorbeikam, die am Wegrand zum Tor wuchsen, hörte er eine Stimme und hielt an, um zu hören, was sie sagte.

»Ach, guter Jesus, bitte lass meinen Vater nicht mehr trinken. Mache ihn genauso, wie er war, als ich ein Baby war. Dann können mich die Buben und Mädchen nicht mehr Säuferkind nennen oder andere böse Sachen über mich sagen. Bitte, lieber Jesus, tu es für Mutter und mich.«

Mit einem Kloß im Hals hörte Susis Vater das einfache Gebet. Als sie geendet hatte, ging er zu ihr, kniete sich neben sie und legte ihr den Arm um.

»Gott im Himmel«, sagte er sehr ernst, »ich verspreche heute Abend, dass ich nie mehr einen Tropfen Alkohol anrühre, solange ich lebe. Gib mir die Kraft mein Gelübde zu halten und hilf mir ein besserer Mensch zu werden.«

»Vater«, rief Susi und warf ihm die Arme um den Hals und den Kopf auf seine Brust, »ich bin so froh! Ich werde mir keine Sorgen mehr machen über das, was sie sagen werden, denn ich weiß, dass du kein Trinker mehr sein wirst.«

»Mit Gottes Hilfe werde ich ein Mann sein!«, antwortete er, nahm Susi an die Hand und ging mit ihr ins Haus, wo seine Frau mit dem gewohnt geduldigen Sorgenblick saß.

Ich kann dir die Freude kaum beschreiben und den Dank, der an diesem Abend von jenem Kamin emporstieg. Ich wünschte ich könnte es, doch die Freude, die die Herzen von Susi und ihrer Mutter erfüllten, war zu tief, als das man sie beschreiben könnte.

Was meinst du? War Susis Gebet erhört worden?

DIE GESTOHLENE ORANGE

Mama wird es nie erfahren«, dachte Flora Marshall bei sich selbst, als sie eine große Orange aus der vollen Schüssel auf dem Tisch nahm und eilig die Treppe hochging, nachdem sie sie in die Tasche ihres Kleides hatte gleiten lassen.

Sie erwartete zwei oder drei Freundinnen zu Besuch und hatte eifrig die Puppe zurechtgemacht, die ihr ihre liebe Mutter geschenkt hatte; doch während sie wartend im Haus umherging, war sie eben in die Versuchung gekommen, eine der Orangen zu nehmen, die auf dem gedeckten Abendbrottisch standen. Sie wollte in ihr Zimmer eilen, doch bevor sie die oberste Stufe erreicht hatte, hielt sie die Stimme ihres Bruders auf. Er rief: »Flora, Flora, beeil dich, ich sehe deine Gäste schon draußen am Tor!« Kurz darauf hörte man Klopfen an der Tür und sie konnte die Stimmen von Käthe und Effi Sommer erkennen.

Flora rannte schnell die Treppe hinunter, doch ihr Gesicht war errötet und sie fühlte sich elend und schämte sich, als sie ihre Freundinnen begrüßte und zu ihrer Mutter ins Wohnzimmer brachte.

Flora versuchte zu lachen und so fröhlich wie alle zu sprechen, doch sie konnte ihren Fehler nicht vergessen;

die Schüssel mit den Orangen direkt vor ihr auf dem Tisch erinnerte sie ständig daran. Außerdem war sie in ständiger Furcht, weil sie die Orange noch nicht hatte essen können, dass sie mit ihrem Taschentuch aus der Tasche fallen könnte und ihre Schandtat auf diese Weise vor ihren Freundinnen ans Tageslicht käme.

Arme Flora! Sie hatte gegen Gott und ihre liebe Mutter gesündigt und die Freude des ganzen Nachmittags gegen eine Orange eingetauscht. Zum Abendessen konnte sie ihren Kopf nicht heben und der Mutter in die Augen schauen, die bemerkte, dass etwas mit ihr nicht stimmte und freundlich sagte:

»Flora, meine Liebe, du isst ja kaum etwas – geht es dir nicht gut?« Das brachte Flora fast zum Weinen vor Scham und Reue. Ihr Gewissen war zu zart, als dass sie glücklich bleiben konnte mit ihrem nicht gestandenen Fehler.

Den ganzen Nachmittag hatten sie fröhlich gespielt; alle hatten Spaß gehabt. Sie hatten »Such den Pantoffel« und »Blinde Kuh« gespielt. Danach waren die Kinder wieder nach Hause gegangen und Flora blieb allein mit Papa und

Mama zurück, während die jüngeren Kinder sich fürs Bett fertig machten.

Mehrmals hatte sie fantasiert, dass ihr die Orange aus der Tasche fiel bei einer der raschen Bewegungen beim Spiel. Mehr als einmal hatte sie sich leise in eine Zimmerecke zurückgezogen, um zu prüfen, ob die Orange immer noch gut verstaut war. Ja, niemand würde sie entdecken. »Wie konnte ich so böse und habsüchtig sein?«, dachte Flora. »Mama gibt mir immer soviel Früchte, wie es gut für mich ist und doch bin ich zur Diebin geworden. Außerdem habe ich die Orange immer noch nicht gegessen und konnte sie auch nicht zurücklegen. Das hat mir die ganze Freude verdorben.« Sie saß noch ein wenig länger still, elend und unglücklich da und fasste dann einen Entschluss: Sie würde ihrer Mama alles sagen, bevor sie zu Bett ginge. Mit langsamem Schritt und klopfendem Herzen ging sie zum Fenster, wo ihre Mutter saß. »Na, Flora«, sagte Frau Marshall freundlich: »du scheinst müde und erschöpft zu sein heute Abend; bist du gekommen, um mir Gute Nacht zu sagen?«

»Ach, Mama!«, schluchzte Flora, »ich wollte dir sagen, wie böse ich war und wie sehr es mir leid tut«, und sie verbarg ihr Gesicht in den Falten von Mutters Kleid und erzählte ihr die Geschichte.

»Hier ist sie, Mama«, sagte sie und zog die Orange aus der Tasche. »Ich werde wohl nie wieder eine Orange sehen, ohne an diesen schrecklichen Nachmittag denken zu müssen.«

Sehr ernst, aber zärtlich sprach ihre Mutter von ihrer Sünde und den Folgen, die sie hatte tragen müssen. »Ich werde dich nicht bestrafen, Flora«, sagte sie. »Dein eigenes Gewissen hat dich ausreichend bestraft. Ich habe dein blasses Gesicht den ganzen Nachmittag beobachtet und hätte mich gewundert, was mit dir los ist, wenn ich nicht gesehen hätte, wie du die Orange nahmst, als ich gerade an der Tür vorbeiging, die nur einen Spalt offen war. Ich wusste, was du getan hast; deshalb war ich nicht überrascht, dich unglücklich zu sehen.«

»Aber kannst du mir vergeben Mama, und glaubst du, dass ich so etwas nie wieder tue?«

»Ich vergebe dir, Flora, weil du mir deinen Fehler gesagt hast; doch vergiss nicht, dass es Einen gibt, dessen Vergebung du genauso erbitten musst wie meine. Seine Augen folgen dir stets und es macht ihn traurig, wenn er dich

Falsches tun sieht. Geh jetzt und bevor du schläfst, bitte Gott dir zu verzeihen und dich davon und von jeder anderen Sünde zu reinigen, um seines Sohnes willen, unseres Heilands Jesus Christus.«

Mit sorgenvollem, reuigem Herzen ging Flora auf ihr Zimmer, kniete dort nieder und bat Gott um Vergebung aller Sünden und dass er ihr helfe, in Zukunft der Versuchung zu widerstehen; doch es dauerte lange Zeit, bis sie die gestohlene Orange vergaß und wie elend sie sich an diesem Nachmittag gefühlt hatte.

ANNETTES PROBLEM

Alle Kinder hatten Angst vor einem gewissen zerlumpten, barfüßigen Jungen, der vor kurzem hierher aufs Land gezogen war. Er wohnte in dem alten Perkinshof, der seit Jahren keine Bewohner hatte, außer ein paar wilden Vögeln und Eichhörnchen. Nachdem Peter mit seiner Familie eingetroffen war, blieben die Tiere nicht mehr lange; denn Peter bewarf sogar die Rotkehlchen mit Steinen.

Annette hatte Angst vor Peter. Alle Erstklässler der Landschule hatten Angst vor dem Jungen. Gewöhnlich jagte er sie und drohte, er würde ihnen die Ohren abschneiden; einmal flüsterte er Bessie über den Gang zu, dass er gern kleine Mädchen esse, und sie glaubte es.

Die Lehrerin sagte, dass Peter ein böser Bub wäre. Kein Schultag verging, an dem er nicht für irgend etwas zurecht bestraft worden wäre. Es schien, als sagte niemand je etwas Nettes über Peter. Sogar seine Mutter wusste sich keinen Rat, weil er seine Brüder und Schwestern bösartig ärgerte.

Niemand auf dem Land wusste, wo Peter und seine Familie gewohnt hatten, bevor sie auf den Perkinshof kamen. Peter antwortete dem Sabbatschullehrer auf diese Frage: »Das geht dich nix an!«

Annette machte sich große Sorgen um Peter. »Er wird ein furchtbar schlechter Mann werden«, sagte sie zu ihrer Mutter, »wenn nicht vorher jemand aus ihm einen guten Jungen macht. Die Lehrerin sagt, sie könne es nicht – sie habe es aufgegeben. Er sei ein echtes Problem.«

»Ich sage dir, was du tun kannst, meine Tochter«, sagte Annettes Mutter. »Versuch dir mal vorzustellen, Peter sei der liebe Junge, der er sein könnte, wenn er im Perkinshof geboren wäre und die alte Oma Perkins seine eigene Großmutter gewesen wäre.«

»Aber – aber ich kann mir das einfach nicht vorstellen«, entgegnete Annette. »Außerdem würde Peter sich dadurch auch nicht ändern.«

»Das stimmt«, sagte Annettes Mutter, »wenn du dir aber vorstellst, er wäre nett, würdest du ihn anders behandeln und das kann ihn besser machen.«

Am nächsten Tag gab Annette ihr Bestes, um den Tip ihrer Mutter zu beherzigen. Einen Tag später bat sie dann alle Mädchen der ersten Klasse, Peter so zu behandeln, als wäre er ein guter Junge. Doch schließlich gaben es sowohl Annette als auch ihre Mitschülerinnen wieder auf.

»Es wird nur schlimmer mit ihm«, sagte Annette zu ihrer Mutter. »Er sagt, er kümmere sich um nichts und niemanden. Ja, das sagt er.«

»Nun«, antwortete Annettes Mutter, »eins kannst du schon tun. Sei immer höflich und freundlich zu ihm. 'Überwinde das Böse mit Gutem.'« [Römer 12,21]

Die Tage vergingen. Jeden Abend betete Annette auch für Peter. Jeden Tag versuchte sie freundlich zu sein, so wie sie es als Achtjährige eben konnte. Er warf die Blumen, die sie ihm gab, auf die staubige Straße und tanzte darauf herum. Er nahm ihre Geschenke nur, um sie kaputt zu machen – jedes einzelne, und nannte sie dann Heulsuse.

Schließlich fand der Sabbatschullehrer heraus, dass Peter in einem Kinderheim in einer großen Stadt aufgewachsen war und dort viele Jahre verbracht hatte. Sein Vater war im Gefängnis gestorben. Danach schien es Annette, als gäbe es kaum eine Hoffnung für Peter.

Eines donnerstagmorgens bat die Mutter sie, der Tante Nancy einen Eimer Buttermilch zu bringen. »Du brauchst keine Angst zu haben am Perkinshof vorbeizugehen«, sagte sie, »denn Vater hat gehört, dass Peter heute angeln gegangen ist.«

Annette war erst auf halbem Weg zu Tante Nancy, da sah sie plötzlich, dass die braune Kuh von Herrn Maurer außerhalb der Weide gemütlich auf der Wiese graste. »Die ist wohl ausgebüchst!«, rief das Kind aus, und ließ fast ihren Buttermilcheimer fallen.

Da hob die braune Kuh den Kopf. Wahrscheinlich dachte sie, Annette sei eine große Kleeblüte. Auf jeden Fall kam sie leise muhend des Weges. Herr Maurer sagte immer, die Kuh sei harmlos.

Annette hatte soviel Angst, dass sie sich nicht bewegte. Sie schrie laut. Dieser Schrei ließ einen barfüßigen Jungen übers Feld herbeirennen. – Es war Peter.

»Was ist los, klein Ann?« rief er.

In diesem Moment sah Peter für Annette plötzlich schön aus. Es schien ihr, als hätte sie nie einen hübscheren Jungen gesehen, als jetzt, wo er der Lumpenhans die Kuh mit einem Stock in die andere Richtung trieb.

»Komm, klein Ann«, rief Peter. »Sie darf dir nichts antun. Ich treibe sie wieder auf die Weide und schließe das Tor. Glaub mir's ruhig!«

Nachdem die Kuh wieder auf ihrer Weide war, bestand Peter darauf, klein Annette zu Tante Nancy zu begleiten. »Vielleicht ist eine Ringelnatter auf dem Weg«, erklärte er, als ob das wahrscheinlich wäre.

»Jetzt bring' ich dich noch nach Hause«, meinte der Junge, als Annette ihn immer noch am Tor stehen sah. »Du bist zu klein, man darf dich nicht alleine lassen.«

Annettes Mutter dankte Peter, dass er auf ihre Tochter aufgepasst hatte. Dann gab sie ihm ein Stück Lebkuchen. Danach zeigte sie ihm Annettes Rotkehlchennest und erzählte ihm alles darüber, wie die Rotkehlchenmutter das Nest gebaut hatte und wie lange sie auf den Eiern gesessen hatte, bevor die kleinen Nestlinge geschlüpft waren. Vater Rotkehlchen schimpfte den Jungen so heftig aus, dass klein Ann befürchtete, Peter könne sich verletzt fühlen. »Weißt du«, erklärte sie, »er weiß, dass du fremd bist. Vater Rotkehlchen, hör auf so einen Lärm zu machen! Wenn Peter auf mich aufgepasst hat, wird er auch auf deine Babys aufpassen; nicht wahr, Peter?«

»Sicher!«, erwiderte Peter mit breitem Grinsen.

Von dieser Stunde an war Peter wie verwandelt. Er sagte Annettes Mutter, dass er bisher über Vögel nichts gewusst hatte; daraufhin lud sie ihn ein, an einem andern Tag doch einmal alle Vogelnester von Annette anzuschauen und ihre Vogelbücher zu lesen.

Bevor das Schuljahr zu Ende ging, schienen sogar die Erstklässlerinnen vergessen zu haben, dass Peter je ein schlimmer Junge gewesen war. Er geht jetzt auf die Realschule in der Stadt und seine Mutter sieht nicht mehr so betrübt aus, wenn sie über ihren Ältesten spricht – den Peter.

Was Annette betrifft – sie fragt sich bis heute manchmal, wie es dazu gekommen war.

BERTHAS GROSSMUTTER

Die vierzehnjährige Bertha Gilbert war gerade aus dem Internat heimgekehrt, wo sie ihr erstes Schuljahr verbracht hatte. Es war eine gute Schule mit angenehmer Atmosphäre und etwa dreißig Schülerinnen, die Tagesschüler ausgenommen. Frau Howard hatte alle, wie versprochen, zu einer geselligen Familie vereint, allen ihre persönliche Aufmerksamkeit geschenkt und für jede Schülerin gesorgt. Bertha hatte ihr Wissen stark erweitert und ihr Benehmen sehr verfeinert; sie war ein rücksichtsvolles, liebenswürdiges Mädchen.

Da aber sowohl Kinder als auch Erwachsene Fehler machen, erzähle ich euch jetzt davon, was Bertha sich geleistet hat und wie sie von bösen Gefühlen heil wurde, aus denen sich eine sehr schlechte Gewohnheit hätte entwickeln können. Ich bin nämlich schon Erwachsenen begegnet, die ältere Menschen aus der eigenen Familie nach und nach mit mehr Geringschätzung behandelten, bis sie sie schließlich verachteten.

Bertha war froh, dass sie wieder daheim war, von ihrer lieben Mutter umarmt wurde, sehen konnte, dass es ihrem

Vater viel besser ging und dass ihre zwei kleinen Brüder so fröhlich waren wie immer. Sie war froh, ihre liebe alte Großmutter zu sehen; mit fast achtzig Jahren war sie noch klug und agil. Ihr Gesicht strahlte Schönheit und Freundlichkeit aus; sie hatte silbernes Haar, das sie fast völlig unter einer dünnen Haube mit hübsch gewelltem Rand verbarg.

Großmutter erinnerte mich immer an einen strahlenden Sommernachmittag, wenn sie die hübsche Haube aufsetzte, eines ihrer weißen Halstücher um die Schultern legte und sich eine frische Karoschürze umband. Ungeachtet ihres hohen Alters erledigte sie eine Menge Arbeit im Haushalt und ich weiß gar nicht, was George und Willie ohne sie gemacht hätten.

Die Gilberts waren gezwungen, in sehr bescheidenen Verhältnissen zu leben. Herr Gilbert hatte sein Geschäft aufgeben müssen. Sein Gesundheitszustand hatte ihn zum Frührentner gemacht. Deshalb hatte er sich auf dem Land niedergelassen in einem sehr schönen Ort, dem Dörfchen Hillside. Auf der einen Seite lag der Fluss, auf der anderen fuhr die Eisenbahn. Es war die Strecke nach New York. Daher lebten hier sehr viele reiche und einflussreiche Leute neben denen aus der ärmeren Schicht.

Dort bewunderte Bertha häufig ein besonders schönes Haus. In ihm wohnten sehr reiche Leute: Herr und Frau Bell. Ihr Rasen, ihr Blumen- und ihr Gemüsegarten waren sehr gepflegt, außerdem befand sich dort ein hübsches Treibhaus und eine Weinlaube – wirklich alles, was das Herz begehrt. Überdies hatte Frau Bell schon fast ganz Europa und sogar China bereist.

Bertha hatte zwei Nichten von Frau Bell im Internat kennengelernt. Die eine war bereits eine junge Frau, die andere noch ein Mädchen, das nicht einmal so alt war wie Bertha; dennoch wurden Bertha und Ada Wilson dicke Freundinnen. Die zwei Nichten waren in den Ferien zu ihrer Tante Bell nach Hillside eingeladen worden. Deshalb hatte Ada versprochen mindestens einen ganzen Tag bei Bertha zu verbringen und auch sonst häufig zu Besuch zu kommen.

»Weißt du, Tante Bell ist wirklich eine nette Frau,« sagte Ada, »doch leider hat sie keine Kinder. Deshalb ist es recht einsam dort. Darum musst du meine Besuche auch erwidern.«

Bertha war ganz begeistert von der Idee, das schöne Haus einmal von innen zu sehen. Sie erzählte gleich ihrer Mutter davon. Doch nichts verläuft genau so, wie man es sich wünscht. Gilberts Salon wurde neu tapeziert, so dass sich das Auslegen des neuen Teppichs verzögerte. »Bis die Wilsons kommen, wird bestimmt alles fertig sein«, dachte Bertha eines Nachmittags, als sie sich mit dem Nähkörbchen in die Wohnstube setzte und eine Borte fertig aufnähen wollte.

Vor dem Haus war eine große Veranda, in ihrer Mitte befand sich die Eingangstür zum Flur, links von diesem das Empfangszimmer, rechts die gemütliche Wohnstube. Als Bertha verträumt aus dem Fenster schaute, erblickte sie auf der Straße Frau Bells Kutsche mit den schönen Grauschimmeln.

In der Kutsche saßen viele Damen. Sie hielt doch tatsächlich vor Gilberts Haus; der Kutscher half zwei Damen und einem kleinen Mädchen beim Aussteigen und öffnete ihnen das Gartentor.

Die Wilsons waren tatsächlich eine Woche früher als erwartet in Hillside angekommen. Als Ada der Tante Bell von ihrer Freundin erzählt hatte, hatte diese vorgeschlagen, sich gleich bei ihr zu melden, damit Ada und Bertha sich so häufig wie möglich sehen könnten.

»Mutter!«, rief Bertha erstaunt aus, »Sie sind schon da – Ada, Miss Frances und ihre Tante.«

»Mach ihnen bitte auf und lass sie herein, Liebling«, sagte die Mutter und erhob sich.

Frau Bell war sehr nett und äußert freundlich, so dass alle, denen sie begegnete, sofort ganz unbefangen waren. Sie und Frau Gilbert begrüßten einander sehr herzlich. Dann wurden alle in die Wohnstube geführt, was Bertha etwas verlegen machte. Denn ihr fielen die Mängel dieses Zimmers heute besonders auf: die abgenutzte Stelle auf dem Teppich bei Vaters Schreibtisch, eine weitere beim Sofa, die altmodischen Möbel und die Großmutter, die in der Ecke an einem blauen Wollstrumpf strickte.

Oma Gilbert erhob sich und begrüßte die Damen mit einem Knicks. Ihr Kleid hatte keine modische Schleppe; darunter schauten ihre flachen Stoffschuhe und die weißen,

selbstgestrickten Strümpfe hervor. Sie war klein und schlank, zwar wie aus dem Ei gepellt aber doch sehr altmodisch. Frau Bell ging gleich zu ihr hinüber. »Das erinnert mich an alte Zeiten, wenn ich jemanden stricken sehe«, sagte sie mit ihrer tiefen, schönen Stimme. »Ich finde es sehr schön, dass die Großmutter bei Ihnen wohnt; Omas machen das Haus erst richtig gemütlich und vertraut. Ich erinnere mich, dass meine Urgroßmutter auch immer strickte, als ich noch ein kleines Mädchen war.«

»Heutzutags hat's nich mehr viel zu sage,« antwortete die Großmutter, »denn die Strümpf sin sehr billig worn. Aber für die Jungs sin die selbstgestrickte besser, sie trage länger. Willi und Schorsch wetze die Socke erstaunlich schnell ab. Un's dient em gute Zweck, dass ich, alt Frau, was zu tun hab.«

Ada Wilson schaute mit einem vielsagenden Blick auf, und Bertha errötete. Den jungen Damen war nämlich in Frau Howards Schule beigebracht worden, die Wörter korrekt auszusprechen. Solche Ausdrucksweise war ihnen nicht erlaubt.

Frau Bell setzte das Gespräch fort, und die Großmutter gab ihr bestes, um unterhaltsam zu sein. Aber sie war altmodisch und machte viele Grammatikfehler. Ada, die inzwischen nur noch schwer ihr Lachen unterdrücken konnte, bat Bertha schließlich, ihr die Blumen draußen zu zeigen. »Meine Güte!« rief sie aus, als sie um das Haus gingen. »Meine Güte! Deine Großmutter ist wirklich eine lustige alte Frau! Ich konnte mein Lachen kaum verbergen«, kicherte Ada äußerst amüsiert.

Bertha hätte wissen müssen, dass das ungezogen von Ada war. Sie hätte sofort ihre Großmutter verteidigen müssen. Statt dessen schämte sie sich für ihre Großmutter und war den Tränen nahe. Wenn sie nur ihre Gäste ins Empfangszimmer hätte führen können, wo sie die Oma nicht gesehen hätten!

»So eine lustige alte Frau und diese riesige Karoschürze! Bertha, sie sieht aus wie so ein kleines altertümliches Nadelkissen und sie verzieht ihren Mund so komisch, wenn sie spricht. Ich wette, sie hat keinen Zahn im Mund, stimmt das? Und Grammatik wurde ihr wohl nicht beigebracht, als sie zur Schule ging. Warum lässt du sie diese weiße Haube tragen? Alle alten Frauen, die ich kenne, tragen schwarze Spitzenhauben. Ich habe mich schon kaum halten können, als sie diesen kleinen Knicks machte.«

»Sie ist wirklich sehr alt,« sagte Bertha abfällig, »und hat ihr Leben überwiegend auf dem Land verbracht.«

»Bestimmt kommt sie aus Hintertupfingen! Es wundert mich, dass sie dich nicht 'selbstgestrickte Strümpf trage' lässt, oder 'wetzt' du deine 'Socke nich' durch? Meine Güte!«

»Man lacht nicht über alte Leute,« sagte Bertha, nachdem sie all ihren Mut zusammengenommen hatte. Dennoch fühlte sie sich sehr gekränkt und erniedrigt.

»Na ja, es ist nicht so gemeint, weißt du, es ist nur so lustig! Du solltest mal meine Großmutter sehen. Sie ist fast achtzig, denke ich, aber sie wirkt, als ob sie erst siebzig wäre.«

Bertha war zu verletzt, um darauf irgendwie zu antworten. Ada küsste sie und brachte sie zum Lachen, indem sie ihr erzählte, was Tante Bell für Vergnügungen für sie vorbereitet habe.

Als sie wieder in die Stube traten, wollte Frau Bell gerade aufbrechen, die Kutsche stand schon am Tor bereit.

»Wir haben einen Termin für Donnerstag ausgemacht, Ada«, sagte Frau Bell zu ihrer Nichte. »Fräulein Bertha, ich habe Ihre Großmutter überredet, mich zu besuchen.

Ich denke, eine so nette alte Dame, die so rüstig ist, wäre doch eine selten gute Gesellschaft – eine echte Freude für mich. Also Frau Gilbert, ich schicke Ihnen die Kutsche vorbei. Sie werden doch meine Bitte nicht abschlagen, wenn Sie sich wohl fühlen?«

»Sie sind wirklich sehr nett,« sagte die Großmutter und machte erneut einen kleinen »Knicks«.

Bertha verfolgte die Szene sprachlos. Sie war sehr ruhig, als der Besuch gegangen war. Die Mutter brachte ihre Begeisterung über Miss Frances Wilson zum Ausdruck, und Oma sagte über Frau Bell: »Sie ist eine liebevolle, aufrichtige Christin.«

»Mutter,« sagte Bertha am nächsten Tag, als sie alleine waren, »würdest du bitte Oma für den Besuch bei Frau Bell ein bisschen schick machen?«

»Wieso? Sie wird ihr schönes braunes Seidenkleid anziehen, eine frische Haube und ein gebügeltes Halstuch.«

»Aber sie sieht so schrecklich altmodisch aus, Mutter.«

»Liebling, sie ist eine sehr alte Dame. Ich denke, sie sieht so viel schöner aus, als wenn sie etwas tragen würde, was dreißig oder vierzig Jahre jüngere Leute anhaben.«

»Aber – «

»Bertha, du schämst dich doch wohl nicht für deine liebe Großmutter?« Frau Gilbert sah ihre Tochter verwundert an. Die Röte stieg Bertha in die Wangen und Tränen traten ihr in die Augen.

»Meine Tochter, das tut mir sehr weh!«

Irgendwie kam die Geschichte ans Licht und Bertha weinte über ihre schlechten Gefühle.

»Liebe Bertha!«, sagte die Mutter, »ich bin enttäuscht zu sehen, wie wenig Mut und Herzenswärme du zeigst.

Ada Wilson hat sich wirklich sehr schlecht benommen. Es ist herzlos, eine alte Person zu verurteilen, auch wenn sie unter ihren Verwandten jemanden in ähnlichem Alter

hat. Ich bin mir nicht ganz sicher, aber ich denke, es wäre besser, die Einladung gar nicht anzunehmen.«

»Aber Mutter! Ich denke nicht, dass Ada das irgendwie böse gemeint hat. Sie lacht auch über die Mädchen und macht alle nach, dafür ist sie andererseits wirklich brav und großzügig. Und Oma macht ja Fehler.«

»Aber auch wenn sie Fehler macht, möchte ich, dass du zuerst einmal über ihr Leben nachdenkst, bevor du deswegen auf deine liebe Oma herabschaust. Als kleines Mädchen von zwölf Jahren ging sie in eine Mühle arbeiten, um ihrer verwitweten Mutter zu helfen, die jüngeren Kinder großzuziehen; später versorgte sie die ganze Familie.

Vor dreiundfünfzig Jahren heiratete sie einen einfachen Bauern und zog in den damals noch wilden Westen. Sie hatten eine große Familie; doch dann wurde auch sie plötzlich Witwe. Ich werde sie immer für ihre Tüchtigkeit bewundern, die sie damals hatte. Man findet nicht so leicht vier Männer, die so in Ordnung sind wie dein Papa und deine Onkel.

Tante Bessy war arm und hatte sehr viele Probleme, aber Großmutter stand ihr bis zum Ende bei. Dann kam sie zu mir und ich weiß wirklich nicht, was ich ohne sie hätte tun sollen. Ihr Leben war also in jeder Hinsicht bewundernswert. Sie würde ihr Leben für jeden von uns aufopfern. Stell dir vor, sie wäre mürrisch und böse und würde meinen, wie einige alte Frauen, dass wir pausenlos arbeiten müssten und uns nie angenehme Erholung gönnen dürften.

Statt dessen ist sie eine nette, gutherzige Frau, die Gott dient und jeden Tag ihres Lebens nur Gutes tut, und ich bin sicher, dass Frau Bell sie achtet.

Stell dir vor, Bertha, ich würde mich über ihre altmodischen Gewohnheiten, über ihre Lieblingshauben und über ihre Ausdrucksweise ärgern. Das würde sie einschüchtern und nervös machen. Wenn wir uns für sie schämten, würde ihr das sicher das Herz brechen. Möchtest du sie so verletzen?«

»O nein, auf keinen Fall,« antwortete Bertha schluchzend. »Meine liebe Oma.«

»Ich denke, dass in dem Gebot, ehre deinen Vater und deine Mutter auch die Großeltern gemeint sind. Am meisten aber wünsche ich mir, dass meine Tochter mutiger wird, dass sie den inneren Wert eines Menschen sieht, auch wenn er altmodisch gekleidet oder vom Alter gezeichnet ist.«

Bertha erkannte, dass sie sich feige und töricht verhalten hatte. Nach diesem langen Gespräch mit ihrer Mutter beschloss sie, dass Ada in ihrer Anwesenheit nie wieder so abfällig reden dürfe.

Als Frau Bells Kutsche kam, machten sie sich auf den Weg. Oma sah frisch und schön wie eine Rose aus. Obwohl sie Falten hatte, war ihre Haut klar und rein. Ihre sanften braunen Augen waren voller Liebe.

Frau Bell empfing sie alle herzlich, und nahm die Großmutter sofort in Beschlag, während sich die jungen Leute vergnügten.

Was für ein schönes Haus das war! Hier gab es viele Antiquitäten, schöne Gemälde, hübsche Statuen und elegante Möbel!

Am Nachmittag kam überraschend weiterer Besuch, und Bertha stellte fest, dass ihre Oma der Mittelpunkt der Aufmerksamkeit war. Sie hörte zufällig, wie eine Frau sagte: »Was für eine charmante alte Dame! Ich beneide ihre Verwandten sehr.«

Auch Ada erlaubte sich nicht mehr, abfällige Bemerkungen zu machen. Ihre Schwester war wegen ihrer Leichtfertigkeit sehr schockiert gewesen und hatte ihr gedroht, alles der Tante Bell zu erzählen, vor der Ada große Ehrfurcht hatte. Bertha genoss die Zeit sehr.

So wurde sie mit einem Sinn für Ehrfurcht vor dem Alter erzogen. Bertha Gilberts gute Manieren waren stets Anlass für Lob. Wenn sie Leuten begegnete, die keine so feinen Manieren hatte wie sie, die schlechter gekleidet waren oder keine hohe Bildung hatten, lachte sie nicht darüber, sondern dachte gleich an ihr hartes und weniger vorteilhaftes Leben und war sehr nett und großzügig zu ihnen.

Wir wollen alle versuchen, freundlich zu den Armen und Alten zu sein, denn einige von ihnen sind Gottes kostbarste Perlen.

Verschieb's auf Morgen

»Warum hast du den Satz eben unterbrochen und sprichst plötzlich über etwas ganz anderes?« lachte die Fragestellerin. Auch ihre Freundin lachte, als sie auf die erstaunte Frage antwortete.
»Wenn ich rechtzeitig daran denke, verbiete ich mir grundsätzlich alle gemeinen Worte, die ich genauso gut auch morgen sagen könnte«, erklärte sie. »Morgen sind sie dann allerdings nicht mehr aktuell und so brauche ich sie gar nicht mehr zu sagen.«

NICHTS VOLLENDET

Einmal durfte ich in die Nähschachtel eines Mädchens schauen. Was denkt ihr, was ich fand?

Zuerst fand ich einen Perlenbeutel, etwa halb fertig. Doch es bestand keine Aussicht darauf, dass sie ihn vollenden würde; denn die Nadeln waren herausgezogen und die Seide auf den Rollen ganz verwickelt und verknäult.

Ich legte ihn zur Seite und nahm ein Sticktuch in die Hand, auf dem ein Bibeleinband gestickt war und darunter die Worte: »Ich liebe ...« – aber was sie liebte, blieb meiner eigenen Phantasie überlassen.

Unter dem Bibelbild fand ich einen Socken, offensichtlich für einen Babyfuß gedacht; doch nach der Ferse war die Arbeit ins Stocken gekommen und scheinbar war er dazu verdammt, so zu bleiben. Neben dem Strumpf war ein Nadelheftchen. Die Vorderseite des Umschlags war schön gewirkt und auf der Rückseite, die zur Hälfte fertig war, stand »Für meine liebe ....«

Ich brauche euch nicht zu erzählen, was ich sonst noch fand; aber so viel kann ich sagen, bei meiner Reise durch diese Nähschachtel, fand ich nichts, was vollständig war. Still und stumm wie sie waren, erzählten diese halb fertigen Dinge die traurige Geschichte dieses Mädchens.

Sie erzählten mir, dass sie trotz eines Herzens voll großzügiger Liebe, trotz eines Kopfes voll nützlicher und schöner Pläne, für die sie sowohl die Materialien als auch das Geschick hatte, dennoch ein nutzloses Kind war, – immer beschäftigt, doch ohne jemals ihre Arbeiten zum Abschluss zu bringen. Ihr fehlte es nicht an Fleiß, dafür aber an Ausdauer.

Vergesst nicht, meine kleinen Freunde, dass es nicht zählt, was für großartige Dinge wir unternehmen, sondern was wir vollenden. Niemand auf der Welt interessiert sich dafür, was wir tun wollen; man wird vielmehr schauen, was Männer, Frauen und Kinder getan haben.

SUSY DILLERS WEIHNACHTSFEST

»Nur eine Mark, bitte. Mir ist total kalt und ich sterbe vor Hunger!«

Die Kutsche parkte neben dem Bürgersteig. Schwester Linley und ihre zwei Kinder wollten gerade einsteigen und losfahren, um Weihnachtsgeschenke zu kaufen.

Nellie war rot vor Kälte; blonde Locken umrahmten ihr freundliches, hübsches Gesicht. Ihr Bruder Frank war bereits ein junger Mann, nicht weniger elegant, dafür aber ein wenig hochnäsiger, was sich daran zeigte, dass er von der elenden, kleinen Bettlerin ziemlichen Abstand hielt.

»Geh fort!« sagte Schwester Linley und machte eine abweisende Geste mit der Hand.

Die Frau und das Kind schauten sich an – mit einem dieser Blicke, die im Gedächtnis haften bleiben.

Schwester Linley hatte stets Angst vor Straßenkindern, dem Abschaum der Gesellschaft. Vielleicht hatten sie ja

Fieber, Pocken, oder es lauerte irgendeine andere Infektion in ihren Lumpen.

Die Kutsche fuhr los. Die Kinder waren glücklich, großzügig und artig. Schließlich gehörten sie einer christlichen Familie an. Und genau das wollten sie jetzt unter Beweis stellen. Außer den Geschenken für Mama, Papa und einige kleine Cousins, würden sie auch noch welche für sechs arme Kinder besorgen.

So schlenderten sie an dem schönen sonnigen Nachmittag von einem Geschäft zum anderen. Was für eine Menge verführerischer Dinge überall! Der perfekte Jahrmarkt für den Weihnachtsmann. Ein flüchtiger Blick ins Märchenland.

Frank und Nellie plauderten und lachten, rannten zur Mutter mit tausend hübschen Dingen, machten aber keine Dummheiten.

Am Schluss war die Kutsche ganz schön voll geladen. Der gelähmte Johnny Ashton würde sich bestimmt riesig über die Bücher und den Rollstuhl freuen, den Mama ihm gekauft hat. Und Susi Dorr würde in dem bunt karierten Kleid und mit dem Teeservice das glücklichste Mädchen auf der ganzen Welt sein.

»Arme Kinder spielen genauso gern wie reiche, Mama, oder?« fragte Nellie nachdenklich.

»Liebling, ich hoffe, du wirst nie vergessen, dass wir alle gleich geschaffen wurden; die armen Kinder sind in Gottes Augen genauso viel wert wie die reichen.«

»Und es macht Spaß, sie glücklich zu machen!«

Schwester Linley lächelte ihrem Liebling zu.

»Und der Herr Jesus wurde für alle geboren,« fügte Frank ebenso nachdenklich hinzu. »Das hat mir mein Lehrer am Sabbat gesagt, damit alle kleinen Kinder erlöst werden können, und – an Weihnachten fröhlich sein können.«

»Vielleicht können nicht alle an Weihnachten fröhlich sein. Einige von ihnen sind arm und krank; niemand kümmert sich um sie – zum Beispiel das kleine Mädchen, die Bettlerin, die uns angesprochen hat, als wir losfahren wollten. Ach, Mama! Ist das nicht schrecklich? Was wird denn aus ihnen?«

Mitleid stand in dem hübschen Gesicht geschrieben.

»Gott kümmert sich um sie, wie um die Sperlinge,« sagte Frank.

Schwester Linley antwortete nicht. Ihr Herz verurteilte sie bereits, denn sie war ja eine gutherzige Frau. Fast erwartete sie, dass das elende Ding vor der Haustür säße. Wenn es dort säße, würde sie versuchen, alles wieder gutzumachen. Doch das Mädchen war nicht da.

Vom Einkaufsbummel zurückgekehrt, zitterten sie vor Kälte und rannten zum Kamin. Bald kam Papa nach Hause, und sie hatten den denkbar schönsten Heiligabend. Schließlich kann man sich nicht der ganzen Welt erbarmen. Schwester Linley war der Meinung, dass sie schon ziemlich viel getan hatte. Das stimmte auch. Dennoch hätte sie dem Kind an der Haustür, ein paar Mark geben können. Aber waren nicht Straßenbettler meistens Diebe?!

Inzwischen war die kleine Bettlerin weitergezogen. Fast eine Woche lang hatte sie auf der Polizeiwache geschlafen und tagsüber ein bisschen gebettelt, um Leib und Seele zusammenzuhalten. Davor hatte sie Streichhölzer und Stecknadeln verkauft, aber nun war ihr das Geld ausgegangen und sie konnte keinen neuen Vorrat kaufen. Außerdem wurden sie günstig in den Geschäften angeboten. Die alte Frau, bei der sie gewohnt hatte, war vor einem Monat überraschend gestorben. Jetzt musste sie alleine ums Überleben kämpfen.

Also bettelte sie ab und zu um eine Mark. Einige warfen der elenden kleinen Bettlerin finstere Blicke zu, andere schauten sie gar nicht an, ein oder zwei Männer wiesen sie scharf zurecht. Ach, wie sie fror und was für einen großen Hunger sie hatte!

Die helle Sonne konnte sie anscheinend gar nicht wärmen. Sehnsüchtig schaute sie durch die Fenster in die gemütlichen Wohnstuben und sah fröhliche, glückliche Kinder in warmer Kleidung herumlaufen. Ihre eigenen Schuhe hingegen waren abgetragen, und der beißende Wind ließ ihre Lumpen flattern.

Es wurde immer kälter. Sie rannte die Straße entlang bis zu einem Restaurant. Was für ein verführerischer, leckerer Geruch strömte aus dem Gitter – und etwas wohltuende Wärme. Seit gestern Mittag hatte sie keinen Bissen mehr zu sich genommen. Die Leute gingen mit den voll bela-

denen Marktkörben an ihr vorbei; die Männer schleppten Bündel auf dem Arm, Jungen und Mädchen trugen Weihnachtsgeschenke – alle eilten nach Hause.

»Bitte weitergehen!« sagte ein Polizist streng.

Und wenn man sie festnehme und ins Gefängnis bringen würde, dann würde sie wenigstens etwas zu essen kriegen. Sie hatte schon beinahe unerträgliche Bauchschmerzen.

Dort hing eine Jacke, die könnte sie stehlen – die umstehenden Männer würden sie bestimmt sehen. Sie streckte die Hand aus.

Nein, das konnte sie nicht. Sie war keine Diebin. Sie dachte an ihre Mutter, die vor zwei Jahren gestorben war. Die schöne Frau, die vorhin in die Kutsche einstieg, hatte die Erinnerung an sie geweckt! Wie gut, dass ihre Mutter nie mehr hungern musste. Damals hatte sie gesagt: »Jennie, lüge nie, stehle nie!«

Jennie setzte sich auf die Treppenstufe und weinte. Es war eiskalt geworden; sie war so durchgefroren, dass ihr die Tränen auf den schmalen Wangen festfroren. Sie hockte zusammengekauert in der Ecke. Wenn sie nur einschlafen könnte!

»Hi!« sagte eine fröhliche Stimme. Jemand zupfte sie an der Schulter. »Du frierst dich ja zu Tode! Es ist sehr sehr kalt! Geh lieber nach Hause.«

»Lass mich. Ich hab kein Zuhause. Ich war gerade am Einschlafen. Und wegen dir tut mir jetzt wieder alles weh.«

Die stämmige, junge Susy Diller, selbst eine arme Kinderarbeiterin, zog das verlassene kleine Ding hoch und betrachtete das schmale, blaugefrorene Gesicht.

»Wo bist du gewesen?«

»Auf Polizeiwachen und sonst wo,« antwortete das Kind missmutig. »Nach dem Tod der alten Molly hat man mich rausgeschmissen. Ich habe kein Geld mehr, deshalb kann ich nichts verkaufen. Jetzt versuche ich's mit Betteln –«

Susy stand da und überlegte. Was würde Oma sagen, wenn sie das arme Ding nach Hause bringen würde? »Das reicht. Lade nicht noch mehr zu deinem Weihnachtsfest ein,« hatte sie schon gesagt. »Sonst treten wir uns alle gegenseitig auf die Füße.« Susy wischte sich mit dem Ärmel die Augen. Seit sie die Missionsschule besuchte, war sie irgendwie sehr mitfühlend geworden. Sie erinnerte sich an den Unterricht bei Bruder Linley, von dem sie ihrer Oma mit Begeisterung erzählt hatte, er sei der beeindruckendste Mann, den sie kenne. Am Sabbat hatte Bruder Linley den Jungen und Mädchen erzählt, dass auch der Heiland dieser Welt obdachlos gewesen war.

»Ach hätte ich damals gelebt,« sagte Susy mutig, »ich hätte ihn bestimmt aufgenommen.«

»Susy,« antwortete Bruder Linley, »wenn wir das mit den Ärmsten und Elendsten tun, dann tun wir es dem Herrn.« Dann las er das wunderschöne Lob vor, das Gott am Ende denen aussprechen wird, die in diesem Leben alles getan haben, was sie konnten. Er las, wie erfreut und erstaunt sie reagierten: »Herr, wann haben wir dich hungrig gesehen und haben dir zu essen gegeben? … Wann sahen wir dich krank und sind zu dir gekommen?« (Matthäus 25, 37.39) Er konnte alles so ergreifend darstellen, dass die Jungen und Mädchen große Augen machten und ihm mit offenem Mund zuhörten.

Susy erklärte also ihrer Oma, sie habe vor, ein Weihnachtsfest zu veranstalten und erzählte ihr, wie immer, von dem Gespräch in der Sabbatschule.

»Ich habe gedacht, du wolltest dir diesen schöne Mantel kaufen. Dafür hast du jetzt gerade genug Geld zusammengespart.«

»Das wird zwei oder drei Wochen warten können,« erklärte Susy. »Weißt du, es ist doch so viel schöner an Weihnachten. Ich begreife zwar überhaupt nicht, wie der Heiland auf diese Erde kommen konnte. Aber es ist gut zu wissen, dass auch er einmal ein kleiner Junge war, obwohl er ein ganz schönes Stück lieber war als wir alle. Wenn man über das alles nachdenkt, muss man ihn einfach lieb haben, wie ich Bruder Linley, unseren Sabbatschullehrer. Wenn wir die Armen und Behinderten einladen, schaut er bestimmt vom Himmel herab und sieht, dass Susy Diller Weihnachten einmal richtig feiern will. Der gelähmte Tim Jenkins kommt – du weißt ja, die Straßenbahn hat ihn überfahren; Humpy – seine Mutter ist gestorben; der kleine Smith, dem ich geholfen habe, einen Job bei der Zeitung zu finden; Kit Benner – er ist krank und hat seine Stelle verloren, und – «

An dieser Stelle hatte die Oma gesagt: »Das reicht. Lade nicht noch mehr zu deinem Weihnachtsfest ein. Sonst treten wir uns alle gegenseitig auf die Füße.«

»Wir werden einen leckeren Braten essen, Preiselbeersoße, eingelegte Gurken und gefüllte Pasteten. Ein richtiges Fest, das steht fest!«

Aber dann kamen noch zwei Kinder dazu, so dass es insgesamt sechs waren. Susy arbeitete in der Fabrik und sorgte für die Oma, die zu alt war, um noch viel tun zu können, außerdem war sie ganz gebeugt vom Rheuma. Sie hatten ein Zimmer im zweiten Stock einer baufälligen Baracke; ein Teil davon war als Schlafzimmer abgetrennt, doch Oma meinte, für sie sei es ein Palast, weil Susy so nett zu ihr sei.

Jetzt hatte sie also noch jemand gefunden, mit dem das Festessen geteilt werden musste. Was wird Oma nur sagen?! Aber die junge Missionarin zögerte nicht lange, denn hier war jemand, der wirklich litt. Und Susys Gewissen regelte die Sache schnell.

»Komm mit,« forderte Susy die junge Stadtstreicherin auf und dachte dabei an den Herrn aller Menschen, der nichts hatte, wo er sein Haupt hinlege.

»Wäre er nämlich hier unter uns,« sagte sie sich selbst, »würden wir ihn vielleicht von anderen Menschen gar nicht unterscheiden können. Er könnte jedermann sein.«

Susy fasste die Kleine am Arm und nahm sie mit. Arme kleine Jennie! Es kam ihr so vor, als berührten ihre Füße den Boden kaum, so kalt und steif waren sie. Wohin man sie führte, war ihr egal, selbst wenn es die Polizeiwache sein sollte.

Aber man brachte sie nicht zur Polizeiwache. Bald spürte sie Wärme und hörte Stimmen; doch sie war so müde, dass sie sich auf den Fußboden vor dem Ofen niederließ. Sie hörte nur, wie ihre junge Retterin sagte:

»Lass sie schlafen, Oma, das bekommt ihr besser als alles andere.«

»Aber Susy, mein Kind, wir können uns nicht die ganze Zeit um sie kümmern, und …« Oma hielt inne und sah Susy in die Augen.

»Es ist Heiligabend, Oma. Ich denke, wir müssen etwas tun, auch wenn wir die Leute nur in ein kleines Zimmer bringen können.«

Bald aber wachte Jennie Morgan, das arme obdachlose Mädchen, auf, aß ein wenig Abendbrot und erzählte ihre Geschichte. Sie glich Hunderten anderer Geschichten, nur dass ihre Mutter eine schöne Lady war. Heute Morgen habe sie auf der Straße eine Frau getroffen, die so wie ihre Mutter ausgesehen habe.

»Sie ist clever und fröhlich, Oma. Bald geht es ihr wieder besser,« sagte Susy.

Am nächsten Morgen waren Jennies Wangen rot, die Pupillen groß geworden, außerdem zitterte ihre Stimme so merkwürdig. Aber sie erklärte, dass es ihr gut gehe, es sei

so schön, ein warmes Dach über dem Kopf zu haben, keinen nagenden Hunger zu spüren und keine Magenschmerzen.

Susy ging für eine Weile nach draußen. Oma bereitete den Braten zu, so dass die arme Jennie fand, es habe noch nirgendwo so gut gerochen.

Es war ein schönes Weihnachtsfest. Viele Kinder waren da: Der gelähmte Tim mit gewaschenem Gesicht und einer neuen roten Krawatte extra für das Fest; der kleine Junge, genannt Humpy, der an der Straßenecke Nadeln, Bänder und Schnürsenkel verkaufte und dessen Körperbau seit einem unglücklichen Sturz verformt weitergewachsen war; Kit Benner war da – so blass und schmächtig, dass man es mit der Furcht zu tun bekam, und drei andere Kinder; dazu die kleine obdachlose Jennie Morgan, und Oma mit der neuen Haube und dem neuen Baumwollkleid.

Was für eine schöne Zeit sie zusammen verbrachten! Sie waren so viele am Tisch, dass sie sich kaum bewegen konnten. Sie plauderten, lachten, tranken den duftenden Kaffee auf Omas Wohl und waren überglücklich.

Zur gleichen Zeit saß drüben die Familie Linley um den großen, festlich geschmückten Weihnachtsbaum. Nellie verteilte die Geschenke, gekleidet wie eine Märchenfee. Es gab auch Geschenke für die Armen, die sie natürlich nicht zu ihrem Fest einladen konnten. Es war Ehre genug für sie, dass man ihre Geschenke an den Weihnachtsbaum hängte. Dann sangen sie schöne Weihnachtslieder und Bruder Linley begleitete sie.

Auch bei Susy Diller sang man ein paar Lieder, die sie in der Missionsschule gelernt hatte. Danach fragte Jennie, ob sie sich in der Ecke beim Ofen etwas hinlegen dürfe. Es war ihr ein bisschen kalt und sie hatte Kopfschmerzen.

»Susy, würdest du bitte noch einmal singen?« bat sie. »Es klingt wie im Himmel. Mutter hat mir viel davon erzählt. Meinst du, der Herr Jesus sorgt auch für Straßenmädchen, die dort schlafen müssen, wo sie Platz finden? Manchmal lügen und stehlen sie, weil sie sich nicht anders zu helfen wissen.«

»Ja, er sorgt für sie«, sagte Susy, »hat Bruder Linley mir gesagt. – Und weißt du auch wie er das macht?

Er bringt Menschen auf den Gedanken, es für ihn zu tun, weil er selbst nicht mehr hier auf der Erde ist.«

»Oh!« sagte Jennie langsam und nickte verstehend.

»Wäre es nicht gut, Susy, wenn er die reichen Leute auf diesen Gedanken brächte? Sie könnten doch so viel tun.«

»Manchmal tut er das.«

Die arme Jennie seufzte leise. Sie war zu müde. Bald waren die Gäste am Aufbrechen. Alle erklärten, dass es ihr schönstes Weihnachtsfest gewesen sei. Sie dankten Susy und der Oma wieder und wieder.

Am nächste Tag war Sabbat. Susy bat Bruder Linley, zu ihr nach Hause zu kommen und das kranke Mädchen zu besuchen. Dabei kam auch die Geschichte mit dem Weihnachtsfest ans Licht.

Denn Jennie, die kleine Bettlerin, war sehr krank. Kälte und Hunger hatten ihr schlimm zugesetzt. Es war so schwierig und trostlos für sie gewesen, nachdem ihre Mutter gestorben war und sie alleine zurückgelassen hatte. So musste sie von der Hand in den Mund leben, wurde getreten und geohrfeigt. Beinahe wäre sie verhungert. Und wenn der Herr im Himmel wirklich sorgte …

»Sie ist tatsächlich sehr krank, das arme Mädchen,« sagte Susy, »aber Oma und ich geben unser Bestes, damit sie durchkommt.«

Bruder Linley fühlte ihren Puls und schüttelte den Kopf. Sie hatte hohes Fieber, aber keine Kraft, es zu bekämpfen.

Dann blickte er in Susys große, wehmütige Augen und war in seinem Herzen tief bewegt. Das Kind hatte die schönste und wichtigste Lektion gelernt, die man erlernen kann. Sie war auf die Landstraßen und an die Zäune hinausgegangen und hatte Arme, Verkrüppelte, Lahme und Blinde hereingeführt. (Lukas 14,21.23)

»Weißt du, ich habe sie schon ins Herz geschlossen,« erklärte Susy. »Ich würde alles für sie tun.«

»Ich fürchte, es ist zu spät. Ich rufe einen Arzt und hole ein paar Leckerbissen von Zuhause.«

»Wenn es dir recht ist, würde ich mir wünschen, dass du nichts zum Essen für sie bringen würdest. Weißt du, Oma war zuerst ein wenig verärgert und will das jetzt wieder gutmachen. Es tut ihr gut, wenn sie soviel wie möglich für sie tun kann. Sie hat auch ein gutes Herz, die Oma.«

Was für ein feinfühliges Gewissen inmitten von Armut und Unwissenheit!

»Meine Schüler lernen nicht nur von mir,« sagte Bruder Linley später zu seiner Frau. »Das arme Mädchen aus der Fabrik hat mir etwas beigebracht, was ich bestimmt nicht mehr vergesse. Sie verzichtet auf einen Mantel, damit sie ein paar obdachlose, hungrige Kinder bewirten kann. Liebling, komm doch mit, du musst sie kennenlernen.« Also begleitete Schwester Linley ihren Mann.

Susy schaute, als sähe sie einen Engel. Die Oma machte einen Knicks und wischte mit ihrer Schürze den Staub vom Stuhl.

»Jennie,« flüsterte Susy, »du arme Kleine, mach mal deine Augen kurz auf.«

Sie öffnete die Augen und riss sie immer weiter auf. Sie richtete sich sogar ein bisschen auf und starrte alle an. Zitternd streckte sie ihre Hände Schwester Linley entgegen und rief:

»Mama, Mami! Susy hat mir gesagt, dass ich dich finden werde. Ich habe versucht, mich gut zu benehmen, nicht zu lügen und nicht zu stehlen, obwohl ich beinahe verhungert bin. Susy war so nett zu mir. Sie hat mich zum Festessen eingeladen – «

Die letzten Worte kamen ihr nur noch langsam und zitternd über die Lippen. Die schwankende Gestalt wurde von Schwester Linley in die Arme geschlossen. Jetzt wurden dem Mädchen die Augen schwer. Schwester Linley erinnerte sich daran, wo sie dem Kind schon einmal begegnet war. Heftige Gewissensbisse quälten ihr Herz. Sie küsste an Mutters Stelle ihre reglosen Lippen und bettete sie sanft auf ihre Ruhestatt. Hatten Susy und ihre Oma, ohne es zu merken, einen Engel aufgenommen, während sie selbst so blind gewesen war, dass sie »diese Geringste« (Matthäus 25,40) nicht erkannt hatte?

»Oh!«, schluchzte Susy. »Ich bin so froh, dass du gekommen bist. Sie dachte wohl, du seist ihre Mutter, sie sprach ständig von ihr. Die arme Kleine! Ich werde immer dankbar sein, dass ich sie aus der Kälte hereingebracht habe, obwohl ich nicht ahnen konnte, dass sie sterben würde.«

»Der Ruhm deines Weihnachtsfestes ist bei den Engeln bekanntgeworden, Susy,« sagte Schwester Linley achtungsvoll. »Nun, meine Liebe, lass die kleine Jennie beerdigen, wo du möchtest. Dann schicke mir die Rechnung. Ich möchte mich an deinem guten Werk beteiligen.«

Bruder und Schwester Linley gingen schweigend nach Hause. Hatte ihr schöner Weihnachtsbaum irgendeine gute Frucht wie diese hervorbringen können?

»Denn ich bin hungrig gewesen, und ihr habt mir zu essen gegeben.« (Matthäus 25,35)

DIE BLÜHENDE SCHEUNE

»Mutter, es war schrecklich!« Jenny stand der Ernst ins Gesicht geschrieben und ihre Stimme zitterte verdächtig.

»Ich wünschte fast, ich hätte es nicht gesehen. Das Haus ist baufällig; im letzten Winter haben sie es nicht einmal warm bekommen. Sie sind fünf Kinder. Das kleinste ist ein Baby, der älteste ist zwölf Jahre und heißt Tad. Und ihre Kleidung! Sie laufen herum wie wandelnde Lumpen. Kein Wunder, dass die arme kleine Frau Jimson so verzweifelt ist. Der alte Jim war kein guter Vater. Er brachte wohl ab und zu etwas zum Essen nach Hause, doch seine Frau wusste nicht einmal, woher er es hatte. Es reichte auch nicht, um fünf unersättliche Schnäbel zufrieden zu stellen. – Jetzt ist er tot.«

Mutter Brace hielt inne, in der einen Hand die Schüssel mit den Kartoffeln, in der andern den Schäler. »Aber Jenny, mein Kind, was sollen wir nur machen? Wir haben selbst nicht viel zu essen, vielleicht können wir beim Gemüse ein bisschen sparsamer sein und hin und wieder etwas zur Seite legen. Wenn überhaupt etwas bei uns wächst, jetzt wo Jim den Boden nicht mehr hackt. Häuser oder extra Kleider haben wir bestimmt nicht, es sei denn, ich könnte vielleicht etwas erübrigen von den ...«

»Du kannst nichts erübrigen, liebe Mutter!« unterbrach sie Jenny. »Mach dir keine Sorgen deswegen!

Ich werde weiter überlegen. Wenn ich nicht irgendwie helfen könnte, würde ich sicher nicht so ein Drängen spüren.«

Sie sprang fröhlich auf und setzte die Arbeit fort, die sie am Morgen unterbrochen hatte. Dann wohnte sie der kurzen und prunklosen Beerdigung des alten Jim Jimson bei. Er hatte ihnen doch so sehr geholfen, als sie mit der Arbeit in ihrem kleinen Gartenkaree nicht mehr hinterherkamen. Doch den Lohn, mit dem er seine Frau und die fünf Kinder hätte versorgen können, verschwendete er.

Ihr Elend setzte Jennys mitfühlendem Herzen zu. Den ganzen Tag über dachte sie nach. Als sie nach dem Abendessen den Abwasch erledigte, war sie immer noch in Gedanken versunken: –

»Also, Jenny Brace, was hast du denn überhaupt für materiellen Besitz? Genug Kleidung, um ein Quentchen anständiger herumzulaufen als notwendig; ein Haus, das durchaus zwei weitere Personen aufnehmen könnte, ganz bestimmt aber keine sechs; einen kleines Stück Garten und ein schönes und großes Stück Wiese, Obstbäume und eine Scheune. Eine Scheune!« wiederholte sie und klatschte mit den Händen aufs Spülwasser.

»Mutter Brace«, sagte sie zehn Minuten später, als sie auf der obersten Stufe der Eingangstreppe saß, die Arme auf die Knie ihrer Mutter gelegt. »Ich glaube, ich weiß genau, was zu tun ist. Die Jimsons haben nur dieses baufällige Haus. Wir aber haben eine völlig schöne Scheune, in der nicht einmal eine Katze lebt.

Siehst du nicht die Chance? Eins, zwei, drei … und schon ist das baufällige Haus leer und die Jimsons wohnen in der schönen Scheune.«

Mutter Brace schnappte nach Luft.

»Aber Jenny …«

»Sag bitte nicht 'aber', liebste Mutter. Du weißt, dass die Scheune in der unteren Etage in zwei Räume geteilt ist und oben in drei. Sie könnten eine Küche, ein Wohn- und drei Schlafzimmer haben.«

»Ja«, sagte Mutter Brace ruhig, »doch woher würden sie drei Betten bekommen?«

»Nun, sie müssen ja auch jetzt schon irgend worauf schlafen, obwohl das bestimmt nicht so gut in die saubere Scheune passen würde!«

Für einen Augenblick sah Jenny niedergeschlagen aus. Dann erheiterte sich ihr Gesicht wieder.

»Nun, mir fällt da schon noch etwas ein. Mir ist ja auch die Scheune in den Sinn gekommen. Die Frage ist, Mutter, ob du damit einverstanden wärst, dass sie einziehen!«

Einige Minuten lang herrschte Stille auf der Veranda und Mutter Brace schaute zu, wie die Sonne hinter den Bergen unterging.

»Es sieht aus, als wären dort die Tore des himmlischen Jerusalems«, sagte sie endlich, »wo auf alle eine Wohnung wartet. Ja, meine liebe Jenny, ich bin damit einverstanden, dass sie kommen, wenn wir es irgendwie einrichten können.«

Jenny drückte die von Arbeit rau gewordene Hand ihrer Mutter.

»Gott segne dich! Natürlich, ich wusste, Mutter, dass du einverstanden sein würdest. Ich werde zu Tante Serinda gehen wegen der Betten.«

»Zu deiner Tante Serinda?« Mutter Brace schnappte wieder nach Luft. »Meinst du wirklich, Jenny?«

»Sicher doch«, bekräftigte Jenny. »Ich gehe zu Tante Serinda. Es macht keinen Sinn, das ein Dachgeschoss vor alten Möbeln überquillt, während nicht weit entfernt eine Scheune vor gähnender Leere förmlich Hunger auf sie hat. Wenn sie nicht genug hat, gehe ich zu Frau Senner. Ich werde eine Sammlung durchführen, Mutter, eine Missionskollekte.«

»Hoffentlich denkt deine Tante nicht …«, setzte Mutter Brace leise an.

»Ich weiß, was sie denken wird,« stimmte ihr Jenny zu. »Sie wird sagen: ‚Das ist ja absolut lächerlich!'

Aber bevor ich alles erklärt haben werde, wird sie mir ein Bett und vielleicht auch eine Decke geben. Gleich morgen früh mache ich mich auf den Weg. Mal sehen, was sich alles tun lässt.«

Gesagt – getan. Wie versprochen hatte die Sonne die Tautropfen noch nicht vom grünen Gras geleckt, das unter ihrer Frühlingswärme rasch heranwuchs, als Jenny schon unterwegs war und bald die Straße mit der sauber getrimmten Buchshecke von Tante Serinda entlanglief.

»Die Jimsons!« zischte die gute Frau, als Jenny ihre erbärmlichen Lebensumstände darlegte. »Ich nenne sie Jimson-Ungeziefer, Faulpelze, Nichtsnutze! Es kann ihnen kaum dreckiger gehen, jetzt, wo der alte Jim tot ist.«

»Nein, Madam«, sagte Jenny, »das muss es nicht. Es wird ihnen besser gehen, Tante Serinda. Sie werden in unserer Scheune wohnen. Du weißt ja, dass wir sie sowieso nie benutzen. Diese Scheune hat dichte Wände und mehr Fenster als die meisten anderen.«

Entsetzt schlug Tante Serinda die Hände überm Kopf zusammen.

»In – eurer – Scheune? Das ist ja absolut lächerlich! Sie werden euch mit ihren vielen Mikroben alle anstecken. Ihre Kinder rennen ja über alles drüber.«

»Das hoffe ich doch«, erwiderte Jenny schnell. »Das kleine Jimson-Ungeziefer muss ja irgendwo rennen. Besser auf unserer schönen Wiese als in der Stadtmitte, wo sie ständig nur Unsinn im Kopf haben. Sie werden keine Mikroben anschleppen, denn ich lasse sie alle alten Klamotten verbrennen, bevor sie kommen. Ich führe heute morgen eine Sammlung durch, um die Scheune einzurichten. Du gibst mir doch ein Bett und ein paar andere Sachen vom Dachgeschoss, nicht wahr, Tante?«

»Nun ja!« Tante Serinda stand da, die Hände in der Seite und starrte Jenny an. »Falls du nicht vom gleichen Schlag bist wie viele Frauen, denen ich begegnet bin! Du möchtest wohl, dass ich ihnen meinen Küchenherd hinüberschicke und den Schaukelstuhl aus dem Wohnzimmer noch dazu.«

Jenny lachte erheitert.

»Nicht doch, Tante, nur die Sachen aus dem Dachgeschoss, die du sowieso erübrigen kannst. Es ist doch besser, wenn jemand sie benutzt, als wenn sie hier sinnlos umherstehen. Könnten wir gleich hinaufgehen und schauen? Ich muss mich beeilen. Kann sein, dass ich noch an vielen Türen anklopfen muss, bis ich genug zusammenhabe.«

Tante Serinda drehte sich um und führte sie wortlos die Treppe hinauf.

»Da ist ein Bett«, gestand sie, als sie unter dem spitzen Dach standen. »Ich habe es aus dem Gästezimmer hierher gebracht, als Mary Ellen sich für ihre Besuche eines aus Messing gekauft hat. Die Matratze passt sowieso in kein anderes Bett, meinetwegen kannst du sie also auch mitnehmen. In der Truhe hat es auch Steppdecken, die Mary Ellen nie mochte. Nimm auch davon einige.«

Es machte viel Spaß, Dinge auszusuchen und beiseite zu legen. Warum bewahrte die reiche Tante Serinda nur so viele alte Sachen auf, das blieb ihr ein Rätsel.

Vielleicht weil nur wenige Leute wie Jenny einen Schlüssel zu ihrem Herzen fanden und keiner sich wagte, sie um die Sachen zu bitten. Und Tante Serinda gab eben nichts weg, wenn sie nicht darum gebeten wurde.

Wenn man es jedoch erst einmal gewagt hatte, schien es leicht genug zu sein.

Als die Sammlung schon zu einer beachtlichen Kollektion angewachsen war, wischte sich Tante Serinda die Hände an der Schürze ab und sagte: »An den Stühlen dort ist nicht viel zu reparieren. Ich denke, mein Kutscher kann das heute Abend machen. Und wie willst du das alles in die Scheune schaffen?«

»Ich weiß nicht.« Jenny hielt entsetzt inne. »Darüber hab ich noch gar nicht nachgedacht. Aber ich werde schon einen Weg finden.«

»Ganz bestimmt«, sagte Tante Serinda und lächelte grimmig. »Aber diesmal ist es nicht nötig. Ich lasse meinen Kutscher den großen Pferdewagen anspannen und die Sachen hinüberbringen, wenn du fertig bist.

Er kann auch unterwegs noch das abholen, was du vielleicht noch erstehen wirst.«

Für einen Augenblick stand Jenny unschlüssig da. Ihre Augen strahlten. Dann lief sie zu Tante Serinda, fiel der verwunderten Frau um den Hals und küsste sie herzlich auf die Wangen.

»Ich mag dich, liebe Tante, du bist ein Goldschatz, hast ein gutes Herz und wenn's drauf ankommt, kann man auf dich zählen!!«

»Findest du?!« sagte Tante Serinda ziemlich verlegen. Die vierhundert Meter zum Haus von Frau Senner legte

Jenny wie im Flug zurück. Frau Senner war mollig, rosig und einfühlsam.

»Aber natürlich, meine Liebe, ich helfe Ihnen gerne. Ich bin gerade mit dem Frühjahrsputz fertig und habe mich schon gefragt, was ich mit verschiedenen Dingen machen soll, mit denen ich nicht weiß wohin. Ich habe keine Betten, aber im Keller steht ein rostiger Küchenherd. Ich wäre sehr froh, wenn Sie ihn mitnähmen. Wahrscheinlich braucht man ihn nur zu putzen; funktionieren tut er noch sehr gut.«

»Wunderbar, vielen Dank«, sagte Jenny eifrig. »Ich kann die Platten schwärzen und was es sonst daran noch zu tun gibt. Tante Serindas Kutscher wird ihn dann abholen.«

Jenny erhielt außer dem Küchenherd noch allerlei, bevor sie sich, Frau Senners Rat folgend, wieder auf den Weg zu Richter Berg machte, denn die Bergstöchter hatten angeblich ihr Schlafzimmer vor kurzem neu ausgestattet.

Der Frühjahrsputz war in den meisten Haushalten gerade erst vorbei, und Wohltätigkeitsbasare gab es in East Greenfield noch nicht. Kein Wunder, dass Jenny schon gegen Mittag genug Möbel für eine komfortable Ausstattung der Scheune versprochen waren. Den jungen Jimsons und ihrer Mutter würde das sicher wie Luxus vorkommen.

Ehrlich gesagt, das I-Tüpfelchen für Jenny war, als sie sich bei der kleinen gelähmten Ruth West aufs Fensterbrett lehnte und ihr die ganze Geschichte erzählte. Sie erwartete natürlich nichts von ihr, sondern wollte einfach jemandem davon erzählen, weil sie so glücklich war. Ruth lachte über die gelbe Seife von Herrn Evans, weinte über den Küchenherd und als Jenny fertig erzählt hatte, rief sie doch tatsächlich: –

»Ach, Jenny, ich muss auch etwas tun, es geht nicht anders! Ich habe zwar nichts von den Dingen, die dir noch fehlen, aber komm doch rein und hole mir mal dort aus der Kommodenschublade meine Kasse.

Da liegt ein Stück Gold drin. Es gehört mir wirklich, Jenny. Herr Graves schenkte es mir letzte Weihnachten.

Ich habe leider noch nichts Schönes gefunden, was ich mir davon kaufen möchte. Jetzt aber weiß ich's.

Nimm es, Jenny, und kaufe guten Stoff für Rüschen Krausen und Gardinen, falls es dafür reicht. Sie werden sich über die schönen Sachen bestimmt sehr freuen, das weiß ich. Vielleicht hilft es ja dem kleinen Jimson-Ungeziefer besser zu werden«, zitierte sie Tante Serinda in zurückhaltendem Ton.

Jenny kamen die Tränen, als Ruth ihr das Stück Gold entgegenhielt.

»Wie lieb du bist!« stammelte sie und konnte nichts mehr sagen.

Die Kartoffeln auf Mutter Braces Teller kühlten schon langsam ab, während sie Jennys spannendem Bericht lauschte.

»Heute Nachmittag fange ich an, die Scheune zu fegen«, erklärte Jenny, als sie das Geschirr vom Tisch räumte. »Ich möchte die armen Jimsons keine Minute länger warten lassen als für die Vorbereitung nötig.«

Der Staub flog in Wolken aus der offenen Scheunentür, als Frau Jimson persönlich erschien mit dem Baby auf dem Arm. Sie schleppte sich langsam und verzweifelt den Weg entlang im schäbigen, wohl ausgeliehenen schwarzen Kleid.

»O nein!« dachte Jenny, als sie sie kommen sah.

»Ich habe ganz die Kleider vergessen. Sie brauchen dringend Kleider. Vielleicht – «

»Kommen Sie rein, Frau Jimson«, unterbrach sie sich selbst. »Kommen Sie rein und nehmen Sie hier Platz. Sie müssen sehr müde sein nach dem langen Weg zu Fuß.«

»Ich bin nicht müder als sonst«, antwortete Frau Jimson bedrückt und ließ sich auf dem Schaukelstuhl nieder, den ihr Jenny hinschob. »Ich ruhe nie aus und erwarte auch nicht, mich irgendwann ausruhen zu können. Ich bin gekommen, um zu fragen, ob sie vielleicht etwas Arbeit für mich haben. Ich brauche Geld. Die Leute waren so gut zu uns, dass wir bis jetzt immer genug zu essen hatten. Aber ich muss doch auch selbst etwas dafür tun.«

»Ja«, nickte Jenny ernst. »Auch die Kinder können Ihnen helfen. Tad könnte wie sein Vater bei uns im Garten arbeiten und Jennie ist groß genug, um sich um die Kleinen zu kümmern und im Haushalt zu helfen, so dass Sie auch einen Teil der Zeit außer Haus gehen können.«

»Hoffentlich verletzen sie sich bei der Hausarbeit nicht«, seufzte Frau Jimson und wischte sich eine Träne ab. Aber Jennys fixe Pläne ließen doch einen Hoffnungsstrahl in ihr Herz fallen.

»Ich bin zu allem bereit«, setzte sie viel energischer fort. »Ich bin nicht faul, wie die Leute vielleicht meinen, ich bin nur sehr entmutigt.«

»Aber jetzt werden Sie sich wieder aufraffen und einen neuen Anfang machen«, erklärte Mutter Brace, die mit dem Besen über der Schulter gerade in diesem Augenblick hereinkam. »Dann würden Sie wohl morgen früh hierher kommen und die Scheunenböden für mich schrubben. Es ist keine schwere Arbeit, aber ich kann nicht mehr so lange auf den Knien arbeiten. Ich zahle Ihnen fünfzig Cents dafür.«

»O ja, ich komme.« Frau Jimson stand so schnell auf, dass ihr beinahe das Baby aus den Armen rutschte.

»Ich werde sie sehr gründlich säubern. Auch wenn man es mir nicht ansieht, weiß ich doch, wie man das macht.«

Mutter Brace und Jenny warfen sich vielsagende Blicke zu und beschlossen, noch nichts über den Umzug zu verraten. Aber auch so ging Frau Jimson viel leichteren Herzens und beschwingteren Fußes nach Hause, als sie hierher gekommen war, auch wenn sie einige Kilogramm mehr zu tragen hatte – in Form von Gemüse und frischem Brot, versteht sich.

Kaum war sie um die Ecke verschwunden, als Frau Thomas Benton, Präsidentin der Gesellschaft für Frauenhilfe, an Braces Tür klopfte.

»Wissen Sie«, sagte sie zu Jenny, als sie wieder zu Atem kam, erleichtert, den steilen Berg geschafft zu haben, »wir haben von Ihrem Plan mit der Scheune gehört und dachten, wir möchten auch die Hand im Spiel haben. Deshalb haben wir beschlossen, statt Pakete nach Übersee zu schicken, kaufen wir den Jimsons Kleidung, damit sie auch in ihr neues Zuhause passen. Wir werden die Pakete etwas später schicken, weil wir meinen, es handelt sich hier um einen Fall, in dem wir dieses tun und jenes nicht lassen sollten.«

Sehr früh am nächsten Morgen schrubbte Frau Jimson auf den Knien die Scheunenböden, ohne auch nur zu ahnen, dass sie damit am Fundament ihres eigenen zukünftigen Glückes baute.

Doch selbst wenn sie es gewusst hätte, hätte sie ihre Arbeit zu Mutter Braces Zufriedenheit nicht gründlicher machen können.

»Es steckt schon etwas Gutes in ihr«, sagte sich diese. »Und sollte sie tatsächlich zum Ungeziefer gehören, wird sie sich schon verfeinern.«

Es dauerte eine Woche, bis die Scheune fertig war. Für Jenny war es eine sehr anstrengende Woche. Ihr taten alle Knochen weh, wenn sie diese jede Nacht im Bett ausstreckte. Aber sie war so glücklich, dass es ihr nichts ausmachte. Tante Serindas Kutscher fuhr den Hügel herauf und hinunter. Sein Pferdewagen wurde mehr als einmal geladen. Ruths sorgsame Hände nähten an den Rüschen und Krausen. Jenny richtete mit ihrer Mutter zusammen alles ein: Sie rückten, nagelten und dekorierten – und allmählich veränderte sich die Scheune.

»Sie blüht wie eine Rose!« erklärte Jenny froh. »Es ist keine Scheune mehr, sondern ein kleines Landhaus. Liebe Mutter, es ist hübscher als ein kleines Haus, es ist ein Zuhause.«

Es war natürlich einfach und bescheiden eingerichtet und konnte trotz Ruths schöner Sachen manchem leer erscheinen. Aber für Jenny, die das baufällige Haus noch gut in Erinnerung hatte, schien es alles darzustellen, was man sich wünschen konnte.

Als an jenem Morgen endlich alles fertig und an seinem Platz war, perfekt organisiert, mit Sonnenschein und einer durch die offenen Fenster strömenden Frühlingsbrise, lief Jenny den Berg hinunter in die Stadtmitte.

Die kleinen Jimsons spielten nicht wie gewöhnlich im Schmutz draußen vor dem baufälligen Haus. Jenny traf Frau Jimson an der Tür an. Sie trug ein ordentliches Baumwollkleid, das aus ihr eine ganz andere Frau machte. Im Zimmer saßen die fünf Kinder fröhlich im Kreis, alle von Tad abwärts bis zum Baby und von Kopf bis Fuß in saubere, frische Sachen gekleidet. Das Baby krabbelte strahlend auf Jennys ausgebreitete Arme zu. Es trug einen niedlichen rosa Overall.

»Sehen wir nicht toll aus, Fräulein Jenny?« rief das kleine Mädchen und schaute fröhlich hinter dem Kopf des Babys hervor. »Mama hat uns gerade neu eingekleidet und wir werden alle unsere alten Sachen draußen verbrennen.«

»Das haben wir der Frauenhilfe zu verdanken, Fräulein Jenny«, fügte Frau Jimson fast ebenso glücklich hinzu. »Sie sind eben erst gegangen; Frau Benton war auch da. Sie haben uns das alles und noch mehr gebracht. Haben Sie je schon so etwas gesehen? Dafür werde ich natürlich helfen, die Kirche zu putzen«, fügte sie hinzu mit der neuen weiblichen Würde, die ihr sehr gut stand. »Aber ich werde nie für die Freundlichkeit bezahlen können, nie!«

»Das ist wunderbar«, sagte Jenny, »wunderbar! Ich kann gar nicht sagen, wie sehr ich mich mit Ihnen freue! Gut, dass Sie die Sachen schon anhaben, meine Mutter möchte nämlich, dass Sie alle so schnell wie möglich zu uns kommen. Es ist sehr wichtig.«

Sie nahm den zweijährigen Tommy an der Hand und eilte ihnen allen voraus, in der Furcht, sie könnte ihr Geheimnis nicht mehr hüten, sollte sie auch nur einen Augenblick zögern. So führte sie ihr Gefolge den Berg hinauf, durch den grünen Garten, direkt zu Mutter Brace, die in der Scheunentür stand.

»Sie sind alle da«, sagte sie und hielt inne, von dem Höhepunkt des Augenblicks überwältigt.

»Wir möchten Ihnen unser neues Haus vorführen, das wir uns eingerichtet haben«, erklärte Mutter Brace, die Jenny zu Hilfe kam. »Kommen Sie doch bitte alle herein.«

Ziemlich verwirrt folgte Frau Jimson und scheuchte die Kinder vor sich her wie einen Kükenschwarm. Sie war es nicht gewöhnt, nach ihrer Meinung oder Zustimmung gefragt zu werden, aber sie machte das Beste daraus.

Mit Bewunderung und Entzücken ging sie durch die kleinen Schlafzimmer und blieb noch einmal in der großen, hellen Küche stehen, mit den geschwärzten Herdplatten und der Reihe glänzender Blechpfannen.

»Es könnte auf keinen Fall besser sein«, verkündete sie ihr Urteil. »Und auch nicht schöner.«

Dann kehrte Jennys Stimme zurück, und die Worte sprudelten fröhlich von ihren Lippen.

»Es ist alles für Sie, Frau Jimson. Sie sollen heute noch hier einziehen, es wird Ihr Haus sein. Sie alle werden in diesen Schlafzimmern schlafen, Sie werden in dieser Küche kochen, und – «

»Aber ich verstehe nicht«, stockte Frau Jimson. Ihre Verwirrung steigerte sich mit jeder Sekunde. »Wo kommt das denn alles her? Wem gehört es? Wie – «

»Das kommt von allen Seiten«, Jenny brach in lautes Lachen aus. »Viele Leute haben geholfen. Und das gehört Ihnen. Alles ist für Sie und Ihre Kinder. Sie dürfen hier wohnen, solange Sie möchten. Verstehen Sie mich, liebe Frau Jimson?«

Die kleine Frau Jimson fiel plötzlich mitten im Zimmer zu Boden.

»O mein Gott! Mein Gott!« schluchzte sie und zitterte von Kopf bis Fuß. »Ich habe nie gedacht, dass es auf dieser Welt solche Menschen gibt. Es ist ja, als hätte ich eine der vielen himmlischen Wohnungen betreten!« Mutter Brace strich ihr sanft über die gebeugten Schultern.

»Ja, das haben Sie«, sagte sie, als sie ihre Stimme wiederfand, »Sie haben die Wohnung betreten, die Er für Sie bereitet hat. Nur statt der Engel hat Er viele sorgsame, liebende Menschenhände gebraucht, um die Wohnung auszustatten.«

MIR WIRD NICHTS MANGELN

»Der Herr ist mein Hirte, mir wird nichts mangeln.« (Psalm 23,1)

Mir wird kein Essen mangeln. »Ich bin das Brot des Lebens. Wer zu mir kommt, den wird nicht hungern.« (Johannes 6,35)

Mir wird kein Wasser mangeln. »Wer da dürstet, der komme zu mir und trinke!« (Johannes 7,37)

Mir wird keine Ruhe mangeln. »Kommt her zu mir alle, die ihr mühselig und beladen seid; ich will euch erquicken.« (Matthäus 11,28)

Mir wird keine Führung mangeln. »Ich bin der Weg ...; niemand kommt zum Vater denn durch mich.« (Johannes 14,6)

Mir wird keine Gesellschaft mangeln. »Euch aber habe ich gesagt, dass ihr Freunde seid.« (Johannes 15,15)

»Und siehe, ich bin bei euch alle Tage.« (Matthäus 28,20)

Mir wird keine Freude mangeln. »Das sage ich zu euch, damit meine Freude in euch bleibe und eure Freude vollkommen werde.« (Johannes 15,11)

Mir wird keine Ehre mangeln. »Und wer mir dienen wird, den wird mein Vater ehren.« (Johannes 12,26)

WIE DOROTHEA DEM ENGEL HALF

Eines trüben Morgens trafen sich zwei Engel auf einem der Lichtwege: der eine war der Engel der Ermutigung; der andere der Engel des Regenbogens, der gern alles zum Leuchten bringt.

»Wir haben heute alle Hände voll zu tun, Kamerad«, bemerkte letzterer, »die Stimmung ist zur Zeit recht gedrückt.«

»Wie glücklich wir doch zu preisen sind«, sagte der Engel der Ermutigung. »Wir dürfen den Sonnenschein des Himmels immer bei uns tragen und ausstrahlen!«

Dann verabschiedeten sie sich voneinander. Der Engel der Ermutigung betrat ein Haus, in dem ein Mädchen gerade den Kamin anfeuern wollte. Ein grauer, anstrengender Tag lag vor ihr, und Tränen standen ihr in den Augen. Manche Mädchen ihres Alters gingen noch zur Schule. Auch sie war ehrgeizig; aber ihre zahlreichen glitzernden Luftschlösser waren leider wie eine Seifenblase zerplatzt.

Der Engel beugte sich zu ihr herunter und flüsterte: »Mach doch heute jemandem eine Freude.« In der Meinung, es sei ihr eigener Gedanke, sagte sie sich: »Ja, das ist bestimmt keine schlechte Idee.«

Gleich nach dem Frühstück wollte sie eine Karte für ihre Mutter abschicken. Der Gedanke des Engels ließ die Augen des Mädchens strahlen.

Ein kleiner Junge kam ihr entgegen und weinte. Die Schulglocke hatte geläutet und machte ihm Angst. Schnell legte das Mädchen den Arm um seine Schultern.

»Halte durch! Bald klingelt es wieder und du kannst zurück nach Hause gehen.«

»Wirklich?« fragte das Kind und hörte zu schluchzen auf. »Bestimmt! Mir war heute auch zum Weinen zumute, aber besser man ist tapfer.«

Ein Geschäftsmann, der gerade vorbeieilte, blieb kurz stehen und beobachtete die Tat der Ermutigung. Auch ihm war es schwer ums Herz, aber die Worte des Mädchens: »Halte durch – besser man ist tapfer« klangen wie ein helles Glockenspiel den ganzen Tag in seinem Ohr.

Als das Mädchen wieder zu Hause war, sang sie ein Lied vor sich hin, das ihre müde Nachbarin hörte, die gerade dabei war, die Kurbel ihrer Waschmaschine zu drehen. Sie schaute sich um, überall wartete Arbeit auf sie, außerdem musste sie das Mittagessen für Mann und Kinder zubereiten. Kein Wunder, dass sie so besorgt aussah.

»Hab Sonne im Herzen,
Ob's stürmt oder schneit,
Ob der Himmel auch dunkel,
Die Erde voll Streit.
Hab Sonne im Herzen,
Dann komme, was mag:
Das leuchtet voll Licht dir
Den dunkelsten Tag«, sang Dorothea.

»Hab Sonne im Herzen!« Nun summte auch die Frau das Lied. »Das leuchtet voll Licht dir den dunkelsten Tag.« Das Wäschewaschen ging jetzt schneller. Es war als hätte sie ein Stück blauen Himmel gesehen. »Hab Sonne im Herzen!« Jetzt konnte sie mit dem Wäschewaschen bis zum Mittag fertig werden.

Hätte sie einen Blick in den Garten ihrer Nachbarin geworfen, hätte sie gesehen, womit die »Sängerin« beschäftigt war. Ein kleiner brauner Vogel versuchte vergeblich eine Rinde klein zu picken, die unter einem Baum lag. Die »Sängerin« kam schnell und doch vorsichtig auf ihn zu und brach die Rinde in Stücke.

Nun strahlte auch für den Vogel die Sonne. Gegen Mittag ging sie ebenso für Dorotheas Bruder Georg auf. Nicht immer herrschte eine heitere Stimmung, wenn die Geschwister zusammen waren. Heute blickte ihm seine Schwester über die Schulter auf die Hausaufgaben, die er gerade machte. Da bemerkte sie:

»Was für eine schöne Handschrift du hast, Georg. Ich bin sicher, Vater kann kein bisschen schöner schreiben als du.«

»Hej, mach dich nicht über mich lustig.«

»Tu' ich nicht. Das ist mein Ernst.«

Es ist schon komisch, aber leider wahr: Wir werden nicht mit Lob überschüttet. Zuerst blendete das Sonnenlicht Georg ein wenig. Als er sich aber daran gewöhnt hatte, rief er, bevor er sich auf den Weg zur Schule machte, seiner Schwester zu: »Pass auf, Dorothea, lass dir ja nicht einfallen, das Holz hier zu hacken. Ich mach' das schon, wenn ich wieder zurück bin. Holz hacken ist keine Mädchenarbeit.«

Er schloss die Tür hinter sich sogar so leise, dass Mutter, die gerade nähte, nicht bemerkte, dass er wegging. Während Vaters langer Krankheit musste sie sehr viel arbeiten, damit sie über die Runden kamen. Sie sah sehr traurig aus, wie sie sich so über die Arbeit beugte. Ihr Gesichtsausdruck änderte sich aber sehr, als eine kleine Haushälterin die Tür aufmachte und hereinkam. Sie trug ein kleines Tablett, auf dem sich eine Tasse Tee und ein Teller mit einer Butterbrotscheibe befand.

»Na, Dorothea, was hast denn du da?«

»Eine Tasse Tee für dich, Mutter. Trink den Tee und iss das Butterbrot. Ich habe ja gesehen, wie wenig du zu Mittag gegessen hast.

Außerdem siehst du müde und erschöpft aus.«

»Jetzt bin ich gar nicht mehr müde«, sagte die Mutter, »kein bisschen. Wenn du dich so reizend um mich kümmerst, fühle ich mich schon gleich stärker.«

»Ich kann dir nach dem Abendessen zur Hilfe gehen«, sagte Dorothea, bevor sie sich in der Küche wieder an die Arbeit machte.

Sobald sie fertig war, zog sie sich um und schlich in Vaters Zimmer, um zu sehen, ob er schlief.

»Vati«, sagte sie, strich ihm über die weißen Augenbrauen und rückte ihm das Kopfkissen zurecht, »bald wird es dir besser gehen.«

»Woher weiß denn das meine Kleine?«

»Weil der Hausarzt immer so besorgt aussah, wenn er aus deinem Zimmer kam. Aber heute hat er sogar gelächelt.« »Vati«, fragte Dorothea plötzlich aufmunternd, als ob ihr gerade etwas eingefallen wäre – soll ich dir etwas vorlesen? Ich habe bis zum Abendessen nichts zu tun.«

»Gerne, Liebling.«

Mit ihrer sanften Stimme las sie den siebenundzwanzigsten Psalm vor.

Die Augen des kranken Mannes ruhten fest auf dem Gesicht der Leserin. »Mein Kind, warum hast du ausgerechnet diesen Psalm vorgelesen?«

»Das ist doch mein Lieblingspsalm, Vati, deswegen. Gefällt er dir?«

»Ja.« Dann sagte er noch leiser: »Ich muss dir das sagen, weil Gott so gut zu mir war. Ich habe heute den ganzen Tag lang gebetet, dass Gott mir irgend ein Zeichen oder eine Botschaft senden würde. Und jetzt liest du mir Worte vor, die mir neues Leben schenken. ‚Ich glaube aber doch, dass ich sehen werde die Güte des Herrn im Lande der Lebendigen. Harre des Herrn! Sei getrost und unverzagt.'

Mein Kind, du hast die Aufgabe eines Engels erfüllt.« Vaters Stimme klang sehr glücklich.

Als sich die zwei Engel wieder trafen, dämmerte es im Tal bereits. »Na, hast du heute deinen Auftrag erfolgreich erfüllt, Kamerad?« fragte der Engel des Regenbogens.

»Meine Arbeit ging mir heute sehr schnell von der Hand, denn ein Mädchen aus einem einfachen Haushalt hat mir sehr geholfen. Sie war zwar nur mit Alltagsdingen beschäftigt. Aber so oft in den hellen Stunden des Tages ließ sie hier und dort das fröhliche Glockenspiel der Hoffnung erklingen.«

»Aha«, sagte der Engel des Regenbogens, »jetzt verstehe ich, warum es heute so viel strahlender klang und warum meine Farben so viel schöner aussahen. Hast du den wunderschönen Regenbogen gesehen, den ich über die Hügel geschlagen habe? Und den zweiten darüber, dessen Leuchten die Felsen zum Glühen brachte? Haben sie dich auch an den Bogen um den Thron erinnert? Nur wenn ich das Singen der Hoffnung aus den Seitenstraßen da unten höre, gelingt es mir die strahlendsten Farben zu malen.«

DER EINFLUSS EINER SCHÜLERIN

»Eine Schülerin verließ ihr Zuhause«, schrieb Frau Sänger, »und ging in ein großes Internat. Die Internatsleitung gewährte den Schülern großzügige Handlungsfreiheit und machte weniger Einschränkungen als üblich. Die Schülerin fand sehr wenig entschiedenes Glaubensleben dort. Vielmehr herrschte dort eine Atmosphäre, die einem insgesamt das Christsein nicht leicht machte. Doch sie hatte sich dem Herrn geweiht und konnte nirgends leben, ohne ihr Licht leuchten zu lassen.

Schon nach kurzer Zeit hatte sie zwei oder drei geistesverwandte Seelen gefunden, die zurückhaltender waren als sie selbst, aber genauso gottergeben. Sie begannen mit einem Gebetskreis einmal die Woche auf ihrem Zimmer. Sabbat nachmittags versammelten sich die Mädchen zum Bibelstudium. Es war kein halbes Jahr vergangen, da hatte die heilige Flamme ein Herz nach dem anderen entzündet, und das Internat erlebte eine Erweckung.«

ZWEI ARTEN ZU DIENEN

Hast du mein Mittagessen hergerichtet, Melanie?« Johannes Melvin stellte die Frage beinahe schüchtern. Das Gesicht seiner Tochter war verfinstert, ihre Lippen zusammengepresst, und sie machte viel unnötiges Geklapper, während sie sich in der Küche hin- und herbewegte. Sie antwortete nicht sofort, doch als sie sprach, war es in keinem freundlichen Ton.

»Ja, Vater, dein Mittagessen ist fertig. Nun muss ich das Essen für die Kinder vorbereiten, dann noch die Bügelwäsche machen und einiges kochen. Ein arbeitsreicher Tag für mich. Scheinbar ist jeder Tag voller Arbeit. Womöglich weiß ich einfach nicht, wie man der Arbeit immer einen Schritt voraus ist. Mir bleibt keine Zeit zum Verschnaufen; das Leben hat mir wohl nur Plackerei anzubieten.«

Herr Melvin seufzte tief.

»Es tut mir leid, Melanie. Wäre die Ernte im letzten Jahr nicht ausgeblieben, hätte ich eine kräftige Frau eingestellt für die schwere Arbeit. Die ganzen Sorgen sind zu viel für dich, 19-Jährige; aber was kann ich tun?«

»Du kannst nichts tun, Vater, und niemand ist schuld. Ich bin nun mal ein Packesel. – Anni!«, sie erhob ihre Stimme, »Wo bist du? Geh und räum den Frühstückstisch ab, mach schnell. Es ist noch etwas Zeit, bis du zur Schule musst. Freddi, was machst du?

Hab ich dir nicht gesagt, dass du in der Küche nicht pfeifen sollst? Du meine Güte! Man braucht mehr Geduld als je ein Sterblicher hatte!«

»Es tut mir leid, Melanie,« sagte Herr Melvin erneut. »Es war für uns alle ein trauriger Tag, als deine Mutter starb.«

Dann nahm der entmutigte, vorzeitig gealterte Mann sein Essgeschirr und machte sich auf den Weg zum entfernten Waldstück.

Melanie sauste bei der Morgenarbeit weiter durch Küche und Vorratskammer und schimpfte die Kinder mit schriller Stimme aus.

»Was bringt dir dein Ärger, Melanie?« fragte Anni, ein 12-jähriges Mädchen mit strahlenden Augen. »Ich kann nicht sehen, wozu er gut sein soll.«

»Ich kann nicht so unbeschwert sein wie du, Anni. Ich wünschte, die Dinge würden mir weniger ausmachen, aber sie nerven mich halt. Ich arbeite wie ein Sklave, während du dir eine schöne Zeit machen kannst.«

»Ich helfe dir doch, soviel ich kann, Melanie. Du willst sicher nicht, dass ich mit der Schule aufhöre, um zu arbeiten.«

»Du weißt, dass ich das nicht will. Heute früh wirst du für nichts anderes mehr Zeit haben. Freddi, du weißt, dass du heute gut aufpassen sollst, damit du im Unterricht mitkommst.«

»Geht in Ordnung, Schwesterchen,« erwiderte Freddi gedankenlos.

»Freddi, wie oft habe ich dir schon gesagt, dass du mich nicht 'Schwesterchen' nennen sollst. Ich bin es leid. – Ich möchte heute früh kein Wort mehr von dir hören, mein Freund!«, fügte sie hinzu, als sie sah, dass der Junge etwas erwidern wollte.

Als die Kinder das Haus verließen, sah Freddi seine Schwester bedeutungsvoll an.

»Die Melanie war heute aber ärgerlich. Wie sie mit den Sachen rumgepoltert hat!«

Anni hob ihre Augenbraue: »Ich kann es nicht begreifen, Freddi. Melanie schimpft immerzu.«

»Ja, und sie gehört der Kirche an. Ich bin froh kein Christ zu sein, wenn sie einer ist.«

»Oh, sag das nicht, Freddi, Christen sind glücklicher als wir.«

»Hm! Melanie sagt, sie wäre Christin, aber sie kann nicht glücklich sein. Ich glaube, sie ist die unglücklichste Person, die ich kenne. Papa gehört nicht der Kirche an, aber er schimpft auch nicht die ganze Zeit.«

»Ich verstehe es nicht«, seufzte Anni. »Aber Freddi, du weißt, dass Mama Christin war.«

»Sie war ein echte Christin«, sagte Freddi ernst. »Wahrscheinlich ist es harte Arbeit, ein echter Christ zu sein, und Melanie ist ein Scheinchrist.«

»Ach, sag das nicht, Freddi! Ich will nicht, dass du so redest.«

Als sie alleine war, arbeitete Melanie weiter. Zur Mittagszeit nahm sie ihre Mahlzeit ein und um 2 Uhr war sie mit ihrer Arbeit fertig.

»Alles ist aufgeräumt« dachte sie und sah sich in der ordentlichen Küche um. »Heute Nachmittag werde ich keine Näharbeit anrühren. Ich werde ins Wohnzimmer gehen und ausruhen, bis es Zeit ist, ans Abendessen zu denken.«

GOD BLESS
OUR HOME

Der Traum

In der hübschen kleinen Stube setzte sich Melanie in einen Schaukelstuhl ans Fenster und blickte hinaus über die schneebedeckten Felder. Da sah sie die gebeugte Form einer alten Dame im schwarzen Mantel mit roter Kapuze den Pfad heraufkommen.

»Tante Sara Igler«, sagte sie zu sich selbst, »auf dem Weg hierher?«

Die alte Dame trat ein ohne anzuklopfen, und Melanie stand auf, um sie zu begrüßen. Tante Sara schien sehr aufgeregt zu sein. Sie nahm die beiden Hände des Mädchens in ihre und Tränen liefen ihr die Wangen herunter.

»Was ist los, Tante Sara?« rief Melanie. »Ist irgendetwas passiert?«

»Mein armes Kind! Mein armes Kind! Gott helfe dir!«

Melanie merkte, wie eine Schwäche sie überkam, doch sie kämpfte resolut gegen dieses Gefühl an.

»Was ist geschehen?« fragte sie mit so ruhiger Stimme, dass sie sich selber wunderte. »Die Kinder?«

»Den Kindern geht es gut, meine Liebe. Es ist dein Vater.«

»Mein Vater! Was ist mit ihm? Ist er verletzt?«

Die alte Dame beugte ihren Kopf und antwortete mit gebrochener Stimme:

»Schwer verletzt, meine Liebe.«

Melanie griff nach Tante Saras Arm.

»Dein Gesicht sagt mir, dass es noch schlimmer ist«, sagte sie ruhig. »Ist er tot?«

»Mein armes Kind!«

»Du brauchst nichts weiter zu sagen. Jetzt weiß ich, dass er tot ist.«

Während Melanie noch sprach, blickte sie aus dem Fenster und sah, wie vier Männer ihren Vater auf einer Trage herbeitrugen. Sie fiel weder in Ohnmacht noch schrie sie auf, doch in diesem Augenblick erinnerte sie sich an die drei Jahre, die seit dem Tod ihrer Mutter vergangen waren, und ihr wurde klar, worin sie als Tochter und Schwester versagt hatte.

Tränen kamen ihr zu Hilfe, und als diese über ihre Wangen liefen, wachte sie mit einem Mal auf. Sie blickte aus dem Fenster. Ach, Gott sei Dank! Da waren keine Männer zu sehen, die ihren Vater herbeitrugen.

»Es war ein Traum,« murmelte sie. »Himmlischer Vater, ich danke Dir!«

Sie fasste einige gute Vorsätze und schwang sich im Gebet dazu auf, Gott um Hilfe zu bitten.

»Wie fürchterlich bin ich vom Weg abgekommen«, sagte sie laut. »Dieser Traum hat mir die Augen geöffnet. Jetzt sehe ich, was ich getan habe. Was muss Papa von mir gedacht haben? Kein Wunder, dass er kein Christ ist. Ich hatte mich auch schon gefragt, weshalb die Kinder überhaupt kein Interesse an Glaubenslehren zeigten, doch der Einfluss meines Lebens hat alles verdorben. Aber, Gott sei Dank, die Gegenwart gehört mir, meine Lieben sind am Leben, und ich kann von jetzt an mein Leben Jesus geben!«

Als die Kinder an diesem Abend nach Hause kamen, sahen sie ihre Schwester verwundert an. Ein freundliches Lächeln, eine liebevolle Stimme, ein einladend gedeckter Tisch mit Freddis Lieblingssemmeln. In diesem Augenblick trat Herr Melvin etwas beklommen ein, in der Erwartung die üblichen Beschwerden und ungeduldigen Worte von Melanie zu hören. Statt dessen begrüßte sie ihn freundlich.

»Müde, Vater? Das Abendessen ist fertig. Ich habe den Toast gemacht, den du so magst und auch eine Dose Pfirsiche geöffnet.«

»Ich nehme an, du bist sehr müde, Melanie,« sagte Herr Melvin und sah seine Tochter fragend an.

»Ich bin etwas müde, Vater, aber ich bin dankbar, dass ich müde werden darf. Ich habe ein gemütliches Heim und wir sind alle gesund. Du siehst, Vater, ich fange an meine Segnungen zu zählen. Ich war ein nörgelndes, undankbares Mädchen und habe euch alle unglücklich gemacht; aber ich hoffe, dass ich einiges wieder gut machen kann.«

»Gott segne dich, meine Tochter!« sagte John Melvin mit belegter Stimme.

ARBEIT UND VERGNÜGEN

Erst die Arbeit – dann das Vergnügen«, schrieb Amy Leslie eines schönen Morgens in ihr Schreibheft.

Zeile für Zeile schrieb sie und machte viele Fehler, denn ihre Gedanken waren weit weg. Zu guter letzt sagte ihre Mutter, die neben ihr saß: »Amy, du hast schon das dritte Mal Arbeit ohne b und Vergnügen ohne r geschrieben. Leg deinen Stift hin und erzähl mir, worüber du nachdenkst. Ich bin mir sicher, dass du mit deinen Gedanken nicht beim Abschreiben bist.«

»Ich hab nur nachgedacht«, antwortete Amy, »wie glücklich ich wäre, wenn der Satz heißen würde: 'Erst das Vergnügen – dann die Arbeit.' Es ist sehr schwer, immer erst den unangenehmen Teil zu machen. Wie gern hätte ich einmal eine ganze Woche ohne irgendwelche Aufgaben! Das wäre ein Genuss!«

Frau Leslie schwieg für einen Moment; dann sagte sie, während ein ruhiges Lächeln auf ihren Lippen lag, »Gut, Amy, du sollst bekommen, was du möchtest. Eine Woche lang darfst du dich vergnügen; ohne Aufgaben, mein Kind – ohne eine einzige.«

»Ich werde sie nicht vermissen. Da kannst du sicher

sein, Mama«, sagte Amy freudig, »ich werde sehr glücklich sein, du wirst sehen.«

»Sehr gut«, sagte Frau Leslie, »du kannst gleich morgen beginnen. Heute erwarte ich von dir noch das Übliche.«

Amy sagte nichts mehr. Sie machte ihre Abschrift fertig, lernte ihre Aufgaben und ging dann ins Kinderzimmer, wo sie auf ihren kleinen Bruder aufpasste, solange das Kindermädchen mit anderer Arbeit beschäftigt war. Danach musste sie Strümpfe stopfen, Besorgungen machen, Knöpfe auf die Babyschuhe nähen und einen Brief schreiben. So ging der Tag vorbei und der nächste Morgen brach an – für unsere vergnügungsliebende kleine Freundin.

»Keine Aufgaben«, sagte sie zu sich selbst, als sie um sieben Uhr aufwachte, ihrer gewohnten Zeit zum Aufstehen. »Ich kann also so lange, wie ich will, im Bett bleiben.« Sie drehte sich um, machte, als sie nicht schlafen konnte, Pläne für den Tag und freute sich auf die glückliche Zeit, die sie haben würde. Gegen halb zehn kam sie herunter und fand ihr Frühstück auf dem Tisch: Milch, Toastbrot und Ei, alles war ganz kalt. »Was für ein schlechtes Frühstück!« sagte sie, als sie sich setzte.

»Nun, meine Liebe«, erwiderte Frau Leslie, »dein Frühstück war zur gewohnten Zeit fertig, natürlich ist es jetzt kalt.«

Amy sagte nichts mehr. Sie aß nur mit halbem Appetit. Nach fünf Minuten war sie fertig, stand auf und verließ das Zimmer. Als sie nach oben ging, um ihren Hut zu holen, streckte das Baby im Kinderzimmer ihr seine Arme entgegen. Es wollte auf den Arm.

Doch sie eilte vorbei und ließ den Kleinen vor Enttäuschung weinend zurück.

Bald kam sie wieder runter mit einem Märchenbuch in der einen Hand und einer Schokoladenschachtel in der anderen. Die Süßigkeiten waren ein Geschenk, doch bis jetzt hatte ihre Mutter immer nur ein oder zwei Stückchen pro Tag genehmigt. Nun jedoch durfte sie machen, was sie wollte. Schokolade und Märchen schienen ihr jetzt die reizvollste Kombination.

Sie saß zwei Stunden im Garten. Danach wurde sie müde und ihr war ein bisschen schlecht von der vielen Schokolade. Sie ging wieder zum Haus; da rannte ihr das Kätzchen entgegen. Für kurze Zeit fand sie Freude daran, mit ihm zu spielen, es in ein Taschentuch zu wickeln und wie ein Baby zu tragen. Aber Frau Pussy hatte schließlich genug, sprang aus ihrem neuen »Kleid« und den Armen ihrer Herrin heraus und hinterließ einen Kratzer als Andenken.

Alles in allem war der Vormittag nicht gerade erfolgreich. Doch der Nachmittag war nicht viel besser. Nach dem Abendessen zerriss Amys kleine Schwester ihr Kleid und fragte Amy, ob sie es wieder nähen würde; aber Frau Leslie sagte:

»Geh nicht zu deiner Schwester, mein Kind, komm zu mir.« Die kleine Jessie wunderte sich und ließ sich den Riss von Mutter nähen. Das war Amy unangenehm, denn sie wusste, dass Frau Leslies Augen nicht sehr gut waren und ihr wahrscheinlich bei dieser feinen Arbeit weh taten. Doch schrak sie davor zurück, ihr Hilfe anzubieten, und verließ so schnell wie möglich das Zimmer.

Am Abend rückte sie ihren Stuhl an den Kamin und wollte schon Frau Leslie die Zeitung vorlesen, eine Aufgabe, auf die sie eher stolz war. Aber ihr Vater nahm ihr voller Ernst die Zeitung aus der Hand und sagte schnell:

»Nein, Amy, das ist eine Arbeit. Vergiss nicht, du darfst dich vergnügen und brauchst sonst nichts zu tun.«

Amy stiegen die Tränen in die Augen, sie rannte nach oben aufs Zimmer. Sie hatte keine Lust ihr Märchenbuch zu lesen, ihre Puppe umzuziehen, mit dem Kätzchen zu spielen oder gar die restlichen Schokoladenstücke zu essen.

»Ich kann das keinen Tag länger ertragen«, sagte sie sich selbst. »Ich dachte, es wäre so schön ohne Arbeit, doch es scheint so, als ob mein Spiel nicht halb so schön ist wie vorher.«

Auch der nächste Tag brachte keine wahre Freude, keinen Trost. Lustlos ging Amy umher ohne Freude an den sonst so geliebten Vergnügungen. Sie war total unglücklich. Sie sehnte sich wieder nach der Arbeit, die ihr so lästig erschienen war. Sie konnte ihre Tränen fast nicht unterdrücken, wenn sie sah, wie andere mit ihren Aufgaben beschäftigt waren, oder wenn sie sah, wie Mutter die Arbeiten machte, die vorher in ihren Bereich gefallen waren.

Zu guter letzt setzte sie ihrem Leid ein Ende, indem sie ihre Zimmertür hinter sich zumachte. Sie schluchzte und hörte dabei gar nicht, dass die Türe aufging, und fand erst Ruhe als die Arme der Mutter um sie geschlungen waren und sie ihren heißen, schmerzenden Kopf auf deren Schulter gelegt hatte. Sie schwiegen für ein paar Minuten – dann sagte Amy: »Ach, Mutter! Mutter! Der Satz stimmt: 'Erst die Arbeit, dann das Vergnügen,' denn ohne Arbeit gibt es überhaupt gar kein Vergnügen.«

DIE GEFÄHRLICHE TÜR

Bitte, Cousin Will, erzähl uns eine Geschichte! Es ist gerade noch genug Zeit, bevor die Schulglocke läutet.« Harry, Kate, Bob und klein Paul drängelten sich um ihren älteren Cousin, bis der sich bereit erklärte, alles zu tun, was sie wünschten.

»Nun gut«, sagte Cousin Will. »Ich erzähle euch von gefährlichen Türen, die ich gesehen habe.«

»Ja, das ist gut!« rief Bob aus. »Waren sie alle aus Eisen mit schweren Riegeln? Und wenn man durchgeht, schließen sie sich dann und halten einen für immer gefangen?«

»Nein, die Türen, die ich meine, sind rosa oder scharlachrot, und wenn sie sich öffnen kannst du eine Reihe kleiner Diener sehen, alle in Weiß, dahinter ist eine kleine, rot gekleidete Dame.«

»Was? Das ist großartig!« rief Kate. »Ich muss unbedingt selbst einmal dort hineingehen.«

»Vorsicht! Das was aus diesen Türen herauskommt, macht sie so gefährlich. Sie brauchen auf jeder Seite einen starken Wächter, sonst gibt es große Probleme.«

»Weshalb? Was kommt aus ihnen heraus?« sagte klein Paul mit fragenden Augen.

»Ich habe gesehen«, sagte Cousin Will, »dass Dinge herauskommen, die schärfer als Pfeile sind, wenn die Wächter nicht aufpassen, und sie fügen schreckliche Wunden zu. Es ist noch gar nicht solange her, da sah ich zwei hübsche, kleine Türen. Die eine öffnete sich und die kleine Dame sagte: 'Was für ein hochnäsiges Ding Lucy Waters ist! Hast du das entsetzliche Kleid gesehen, das aus dem alten Kleid ihrer Schwester genäht wurde?' 'O ja', sagte die andere kleine Dame in Rot von der anderen Tür her, 'was für eine Himmelfahrtsnase sie hat!' Die arme Lucy, die um die Ecke stand, lief nach Hause und weinte den ganzen Abend.«

»Ich weiß, was du meinst«, klagte Kate und wurde rot.

»Hast du mitgehört?«

»Oh, du willst sagen, dass unsere Münder Türen sind!« rief Harry aus, »und die Dame in Rot ist Frau Zunge; aber wer sind die Wächter und woher kommen sie?«

»Du kannst den großen König fragen. Sprich folgendes zu ihm: 'Herr, stelle eine Wache vor meinen Mund. Wache über die Tür meiner Lippen.' Dann wird er dir die Geduld als Wächter für die eine Seite schicken und die Liebe als Wächter für die andere Seite. Danach wird sich kein unfreundliches Wort mehr herauswagen.«

DIE GOLDENEN FENSTER

»Ach, meine Liebe«, rief Ruth missmutig aus, als sie die Bibliothek aufräumte, »ich wünschte mir, wir würden diesen Frühling einen neuen Teppich bekommen.

Ich konnte diesen noch nie leiden und jetzt ist er so ausgebleicht und abgenutzt. Es ist einfach schrecklich.

Jedes Mal, wenn ich ihn anschaue, macht es mich unglücklich.«

»Wenn du im Moment keinen neuen kaufen kannst, warum schaust du ihn dann an?«, fragte Tante Rahel lächelnd. »Es gibt sehr viele lästige Dinge im Leben – wir begegnen ihnen jeden Tag – und einige davon können wir nicht aus dem Weg räumen. Wenn wir ständig an sie denken und uns über sie ärgern, machen wir uns und jeden um uns herum unglücklich. Wir können sicher alle eine Lektion von der Biene lernen. Ich habe gelesen, dass Bienen, wenn irgend etwas Unerwünschtes in den Bienenstock gerät, was sie nicht entfernen können, so machen sie sich sofort an die Arbeit und überziehen es vollständig mit Wachs. Sie schließen es in eine luftdichte Kammer ein und denken nicht mehr daran. Ist das nicht eine weise Art mit Ärger und Schwierigkeiten umzugehen?

Jemand schickte mir neulich einen Postkarte mit folgendem Spruch: 'Das Geheimnis des Glücks liegt nicht darin, das zu tun, was man mag, sondern das zu lieben, was man tun muss.' Es liegt nicht darin, das zu haben und zu tun, was wir lieben, sondern entschlossen zu sein, aus dem Unvermeidlichen das Beste zu machen. Wenn du in deinem Leben einem Ärgernis begegnest, das sich nicht aus dem Weg räumen lässt, dann lerne, wie man es verschließen und vergessen kann.

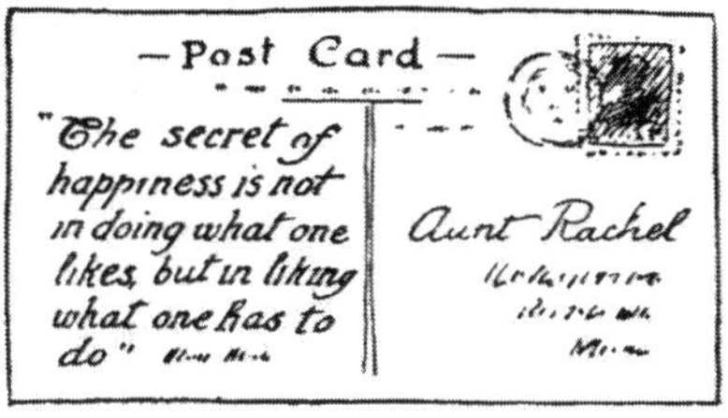

Ich denke, das hilft oft, die Dinge aus einem andern Blickwinkel zu betrachten. Kennst du die Erzählung von den goldenen Fenstern? Ein kleiner Junge, der nur wenige schöne Dinge daheim besaß, weil seine Eltern arm waren, stand oft beim Sonnenuntergang in der Tür und schaute sehnsüchtig zu dem großen Haus auf dem Berggipfel gegenüber. Was für ein wunderschönes Gebäude! Die Fenster waren alle aus Gold und glänzten so hell, dass er blinzeln musste. 'Wenn unser Haus nur auch so schön wäre', sagte er, 'dann würde es mir nichts ausmachen, dass ich geflickte Kleidung tragen und nichts als Brot und Milch zu Abend essen muss.'

Eines Nachmittags sagte sein Vater ihm, dass er ein paar Stunden tun könne, wozu er Lust habe. So spazierte er von seinem Haus den Berg hinunter und den andern langen Hügel hinauf. Er wollte die goldenen Fenster sehen. Doch als er den Gipfel des anderen Hügels erreichte, blieb er bestürzt stehen; seine Lippen zitterten plötzlich, seine Augen füllten sich mit Tränen. Es gab keine goldenen

Fenster dort – nichts als einfache, gewöhnliche Fenster wie die daheim. ‘Ich dachte euer Haus hat schöne goldene Fenster’, sagte er zu dem Mädchen im Hof.

‘Nein’, sagte sie, ‘unsere Fenster sind nicht anschauenswert. Stell dich aber mal hier her, dann siehst du ein schönes Haus mit echten goldenen Fenstern. Schau dort?«

Der kleine Junge schaute. ‘Das ist ja unser Haus,’ rief er erstaunt aus. ‘Ich wusste gar nicht, dass wir goldene Fenster haben!’ –

Siehst du, wie viel von deinem Blickwinkel abhängt? Ich bin nun schon eine alte Frau, meine Liebe.

Inzwischen glaube ich: Wahre Helden sind die Menschen, die den eigenen Ärger und die eigenen Sorgen aus ihrem Blickfeld rücken; die sich mit ganzer Kraft dafür einsetzen, die Last der Welt zu lindern; die den Einfluss eines tapferen, fröhlichen, liebenden Geistes zurücklassen.«

Immer vertrauen – nie sich ärgern
Vertraue auf den Herrn und tue Gutes;
Wohne im Land und hüte Treue;
Und habe deine Lust am Herrn,
So wird er dir geben, was dein Herz begehrt.
Befiehl dem HERRN deinen Weg,
Vertraue auf ihn, so wird er handeln
Und wird deine Gerechtigkeit aufgehen lassen wie das Licht
Und dein Recht wie den Mittag.
Sei still dem HERRN,
Und harre auf ihn!
Entrüste dich nicht über den, dessen Weg gelingt,
Über den Mann, der böse Pläne ausführt!
Lass ab vom Zorn und lass den Grimm!
Entrüste dich nicht! Es führt nur zum Bösen.

(Psalm 37,3-8 Elberfelder)

DAS NEUE LEBEN

Das Sonnenlicht tut uns nur gut, wenn wir darin leben! »Ja, das hat der Prediger gesagt«, grübelte Tim vor sich hin, als er das Lektionsheft für die Sabbatschule auf den Tisch zurücklegte und dem Gedanken nachhing. »Genau das hat er gesagt und noch mehr: Er sagte, dass Jesu Leben für uns nichts als ein leerer Begriff bleibt, wenn wir nicht darin leben. Anders gesagt: Wenn wir keine Christen sind, ist es ziemlich egal, ob Christus sein Leben für uns hingegeben hat oder nicht.«

»Woran denkst du gerade?« fragte Tims Schwester Ada, als sie ins Zimmer hereinkam. Sie kam etwas später aus der Schule zurück als Tim, denn sie hatte auf dem Heimweg noch Veilchen gepflückt.

»Ich denke nur gerade über das nach, was der Prediger am letzten Sabbat gesagt hatte«, antwortete der Junge leise.

»Du meinst, dass Menschen 'neu geboren' werden, wenn sie Jesu Leben führen. Da fällt mir ein, dass ich noch seinen Predigttext in mein Versbüchlein aufschreiben will. Sag mal, es ist doch jetzt schon fast ein ganzes Jahr her, dass Schwester Martin uns dieses Büchlein geschenkt hat, damit wir jeden Sabbat die Predigttexte hineinschreiben können. Ich habe seitdem auch kaum eine Sabbatpredigt versäumt.«

»So wie ich«, sagte Tim. »Und weißt du was? Ich habe mich schon gefragt, ob Schwester Martin ihrer Klasse auch dieses Jahr wieder etwas schenken wird.«

»Ich weiß nicht. Ich würde sagen, 52-mal Kindersabbatschule im Jahr müsste reichen. Sie braucht kein Geld auszugeben, um uns etwas zu schenken, auch wenn wir nur zu viert sind. Ich denke, es wäre besser, wenn wir in diesem Jahr Schwester Martin ein Geschenk machen, anstatt eins von ihr zu erwarten.«

»Ja, lasst uns etwas für sie organisieren«, schlug Tim vor.

»Das werden wir«, lachte Ada. »Wenn du 'lasst uns' sagst, weiß ich immer ganz genau, dass es tatsächlich geschehen wird.«

»Aber wir wollen nicht alleine über das Geschenk bestimmen«, bemerkte der Junge, offensichtlich erfreut über das Lob seiner Schwester. Mark und Nettie sind noch nicht aus der Schule gekommen. Sobald sie da sind, rufen wir sie herein und überlegen uns, was wir tun können.«

»Also gut, warten wir auf sie.«

Sofort setzten sich Ada und Tim an die Fenster zur Strasse hin und klopften auch schon bald an die Scheiben.

»Was ist los?« rief Mark von der Straße.

»Kommt rein, dann erfahrt ihr's «, erwiderte Ada. Bald saßen die Geschwister Mark und Nettie mit roten Wangen im kleinen Wohnzimmer. Ada und Tim erzählten ihnen von ihren Plänen.

»Es ist so«, sagte Ada. Wir hatten die Idee, der Schwester Martin dieses Jahr ein Geschenk zu machen. Was meint ihr dazu?«

»Das sollten wir unbedingt machen«, sagte Nettie.

»Aber was denkt ihr, worüber würde sie sich freuen?« fragte Mark unsicher.

»Woher sollen wir das wissen, wenn wir sie nicht fragen?« antwortete Ada.

»Hat einer von uns je mitbekommen, dass sie sich etwas wünscht?«

»Ich«, sagte Tim. »Ich habe gehört, wie sie mal gesagt hat, sie wünsche sich so sehr, dass ihre Schüler zu Jesus finden.«

»Aber ich meine etwas, das wir ihr schenken können«, warf Ada ein.

»Wenn wir uns entscheiden, Christen zu werden, wird sie sehr froh darüber sein«, sagte Tim. »Vielleicht wird sie das mehr freuen als jedes andere Geschenk.«

»Bestimmt wird es das«, sagte Nettie. »Lasst uns das ein für allemal klären.«

Tim und Ada blickten verwundert auf Nettie. Sie konnten kaum verstehen, was sie meinte. Aber eins stand fest – Nettie meinte es ernst und Tim auch. Wenn Tim etwas vorschlug, waren immer alle damit einverstanden.

»Könnt ihr uns vielleicht erklären, was ihr damit meint?« sagte Mark.

»Ich habe es ja schon gesagt«, antwortete Tim. »Also wenn das stimmt, was der Prediger sagt, dann ist es höchste Zeit, dass wir uns überlegen, ob wir nicht Christen sein sollten. Ich glaube, dass er recht hat.«

»Das möchte ich meinen«, sagte Nettie.

»Wir könnten also gemeinsam eine Erklärung unterzeichnen, auf der steht, was wir tun wollen, und die schenken wir ihr dann«, schlug Tim vor.

»Genau«, sagte Mark. »Kommt, ich mache mich gleich an die Arbeit.«

Tim ging zum Schreibtisch und beschrieb einige Minuten ein Blatt Papier. Als er fertig war, drehte er sich um und fragte:

»Wollt ihr's hören?«

»Klar«, antwortete Nettie.

Er las also vor:

»Liebe Schwester Martin, wir haben uns entschieden, Christen zu werden, und möchten Dir mit dieser Nachricht an diesem Sabbat eine besondere Freude bereiten.

Deine vier Schüler aus der Sabbatschule«

»Genauso klingt es richtig«, sagte Ada.

»Und jetzt werden wir alle unterschreiben«, schlug Nettie vor.

»Natürlich«, antwortete Tim.

»Aber ist das denn alles, was man tun muss, wenn man Christ werden will?« fragte Mark unsicher.

»Ich denke nicht«, antwortete Tim. »Aber wenn Schwester Martin weiß, dass wir es ernst meinen, wird sie uns sagen, was wir als nächstes tun sollen.«

Nachdem die Vier den Brief unterschrieben hatten, machten sich Mark und Nettie auf den Heimweg.

Am nächsten Sabbat, als sich die Kindergruppe in der Kapelle auf dem Hügel versammelte und auf den Beginn der Sabbatschule wartete, reichte Tim Schwester Martin einen Umschlag, auf dem ihr Name stand. Als sie ihn öffnete und den Brief las, kamen ihr die Tränen.

»Meine lieben Kinder! Meine lieben Kinder!« Das war alles, was sie sagen konnte, während sie von einem zum anderen blickte und wie ein Engel strahlte.

»Wir dachten, du sagst uns nun, was wir tun sollen«, begann Ada. »Wir denken nämlich, dass wir dazu deine Hilfe brauchen.«

»Darüber können wir auch jetzt sofort sprechen. Wir lassen heute einmal die Lektion ausfallen und beschäftigen uns mit dieser Frage.«

»Das wäre ja wunderschön!« rief Nettie aus.

Während die anderen Gruppen die aktuelle Sabbatschullektion besprachen, saß Schwester Martins Klasse in der hinteren Bankreihe und besprach die wichtigste Frage des Lebens.

Frau Martin erzählte von Jesus – wie er seine Heimat im Himmel verlassen hatte und auf die Erde gekommen war, um für alle Menschen zu sterben, weil alle Sünder sind. Sie sprach darüber, wie alle von Sünde befreit werden können, wenn sie ihre schlechten Taten bereuen, sich dafür entscheiden ein gutes Leben zu führen und Jesus als persönlichen Retter annehmen. »Glaubt ihr das?«

»Ja«, antwortete die Klasse leise.

Dann schlossen alle die Augen, und Schwester Martin betete für sie. Jeder einzelne betete um Vergebung, und als die Sabbatschule zu Ende ging, waren sich alle sicher, dass sie jetzt zu Jesus gehören.

»Diesen kostbaren Brief werde ich sehr gut aufbewahren!« sagte Schwester Martin, als sie sich von den Kindern verabschiedete. »Ihr hättet mir kein schöneres und bedeutenderes Geschenk machen können. Ich bin sicher nicht die einzige, die sich heute freut – ihr habt euch Jesus hingegeben, der für euch gestorben und aus dem Grab auferstanden ist. Er wird dieses Geschenk, das ihr eigentlich Ihm gemacht habt, noch viel mehr schätzen als ich.«

DAS UNWIEDERBRINGLICHE GESTERN

Sie war ein kleines Mädchen, das alleine auf einer großen Wiese im Garten spielte. Die älteren Kinder waren zur Schule gegangen, doch weil sie dafür noch zu jung war, richtete sie gerade geschäftig unter einer Laube »ihr Haus« ein und baute alles so weit wie möglich wieder so auf wie gestern, als sie und zwei oder drei kleine Spielgefährtinnen dort so viel Spaß gehabt hatten. Hin und her tapsten die unermüdlichen Füße, geduldig arbeiteten die kleinen Hände, und schließlich war alles komplett. Dann blickte die junge Arbeiterin um sich und ein Schatten der Enttäuschung kroch über das Gesicht, das eben noch so eifrig war. Etwas fehlte. Alles stand an Ort und Stelle, aber es schien nicht ganz genauso zu sein. Sie betrachtete alles ein oder zwei Minuten lang, dann ging sie fort und setzte sich auf eine sonnige Treppenstufe. Die Mutter fand sie dort einige Zeit später: eine lustlose, stille, kleine Person.

»Hast du schon genug vom Hausspielen, Liebling?«, fragte sie.

Die Kinderaugen blickten versonnen und fragend auf, und die Antwort kam langsam.

»Ich schaffe es nicht – ich kann gestern nicht wiederholen.« Sie hatte hoffnungslos versucht, was wir alle in der einen oder anderen Form probieren und womit viele ihr ganzes Leben verdunkeln, weil sie nicht lernen, dass es nicht funktioniert. Die Rosen von gestern starben mit dem gestrigen Tag, das Manna von gestern reichte nur für gestern, aber es gibt neue Blumen und neue Nahrung für heute aus derselben Gnadenhand, die auch das andere gab, wenn wir nur freudig und vertrauensvoll vorangehen.

Die Schätze und Freuden der Vergangenheit sind zum Erinnern und Danken; doch in dem Augenblick, in dem wir uns neben sie setzen und trauern, oder sie aus ihren Bruchstücken neu zusammenbauen wollen, verwandeln wir ihren Segen in ein Problem. Wir können das Gestern nicht zurückholen.

EINE KINDERFRAGE

May hatte den ganzen Morgen im Garten gespielt. Jetzt wurde sie von Mama hereingerufen. Sie hatte Erde an den Händen, ein verschmiertes Gesicht und sah auch sonst ziemlich schmuddelig aus.

Mama lächelte: »Es ist dir anscheinend da draußen recht gut gegangen, May.«

Sie stellte eine Blechwanne mit warmem Wasser und etwas Seife auf einen Stuhl, so dass May gut drankam.

»Dann wasch dir erst mal die Hände und das Gesicht, mein Schatz. Papa wird bald zum Mittagessen kommen.«

Aber May schmollte. »Ich will mich nicht waschen«, sagte sie. »Ich bin nicht schmutzig.«

Mama wartete einen Augenblick, aber als sie sah, dass May sich nicht waschen wollte, sagte sie in recht ernstem Tonfall:

»So wie du aussiehst, kannst du nicht am Tisch sitzen, Liebling. Wenn du dich nicht waschen möchtest, wirst du auf dein Mittagessen verzichten müssen.«

May stand einen Augenblick lang unschlüssig herum. Als sie jedoch sah, dass Mama es ernst meinte, tauchte sie ihre Hände ins Wasser und fing an sie zu waschen und zu schrubben.

Ihre ältere Schwester Lucy beobachtete die Situation und war gespannt, was May wohl machen würde. Als Lucy sah, dass May sich wusch und gehorchte, fragte sie:

»Mama, warum dürfen du und der Papa alles machen, was ihr wollt, aber wir Kinder müssen immer nur tun, was ihr sagt? Das ist doch nicht fair, oder? Ich wünschte, wir könnten alles machen, was wir wollen.«

Mama schwieg eine Weile. In ihrem Herzen dachte sie jedoch: »Herr, hilf mir jetzt, damit ich es meinen Töchtern wirklich gut erklären kann.«

»Musste May sich waschen?« fragte sie.

»Ja«, antwortete Lucy. »Wenn sie es nicht getan hätte, hätte sie ...«

»... die Folgen tragen müssen«, beendete Mama den Satz. »Lucy, du sagst, dass Papa und ich alles machen, was wir wollen. Das stimmt auch so ziemlich. Wenn wir aber einmal falsch handeln, müssen auch wir die Folgen tragen, nur dass diese Strafe viel schlimmer ausfällt, als wenn Papa und ich euch bestrafen würden, denn sie kommt von Gott.

Kleine Kinder wissen nicht immer, was richtig und was falsch ist. Um ihnen zu helfen, das Rechte vom Falschen zu unterscheiden und es ihnen leichter zu machen, richtig zu handeln, gibt Gott ihnen Eltern und Lehrer. Sie loben sie, wenn sie recht tun«, jetzt legte Mama ihre Hand auf Mays Kopf, »oder aber sie bestrafen sie, wenn sie frech sind.

Meine zwei Mädchen dürfen alles machen, was sie möchten, solange es richtig ist. Wenn sie groß sind, und Mama nicht mehr da ist, um ihnen die ganze Zeit zu sagen, was sie tun sollen, dann werden sie hoffentlich auch alleine richtig handeln.«

WIE EIN MÄDCHEN ZEIGTE, DASS ES IHR LEID TAT

In einem kleinen Dorf lebte eine arme alte Frau mit ihrer hübschen Enkelin. Eines Tages ging die betagte Frau ohne ihren Gehstock aus dem Haus, vielmehr diente ihr die Enkelin an ihrer Seite als Stütze. So verhielt es sich von da an für lange Zeit. Ob beim Spaziergang, auf dem Weg zur Kirche oder zum Markt, die gute alte Großmutter benutzte ihren Stock nicht mehr: Sie lehnte sich auf ihre Enkelin. Alle wunderten sich und es gab darüber viel Geschwätz im Dorf. Zuletzt fanden sie den Grund dafür heraus. Die Enkelin hatte den Gehstock der Großmutter in einem Wutanfall ins Feuer geworfen und die alte Frau war zu arm, um sich einen andern zu kaufen. Das hitzige Mädchen weinte, bereute und die gebrechliche alte Frau vergab ihr. Doch als Wiedergutmachung verließ die Enkelin sie keinen Augenblick und diente als treue Stütze, bis sie genug Geld gespart hatte für einen neuen, guten Gehstock, auf dem folgende Worte standen: »Reue und Sühne«.

Tiger und Tom

Charakter-Klassiker Band 2

31 spannende Geschichten zusammen gestellt für Jungen *,und auch Mädchen'*. Pädagogisch anspruchsvolle Kindergeschichten die auf wahren Begebenheiten basieren. Hierdurch ergibt sich dem Leser eine geradezu einmalige Gelegenheit, sich mit den Figuren und deren Geschehnissen zu identifizieren und sich mit den Situationen auseinander zusetzen. Einfühlsame Lehren werden von den Betroffenen in der Geschichte vermittelt und geben einen guten und wirkungsvollen Impuls an den jungen Leser ab. Ab 10 Jahre. Mit über 45 s/w Bildern.

Autor: James Edson White
Seiten: 200
Ausgabe: 2016
ISBN: 3-933785-21-9
Bestellnummer: 205-622
Format: Softcover
Sprache: Deutsch

Der Missionspilot

In diesem Buch wird Gott durch das Leben und Wirken von David Gates verherrlicht. Durch die vielen abenteuerlichen Erfahrungen die in diesem Buch beschrieben werden, erkennen wir, dass der Gott, der das Volk Israel durch das Rote Meer geführt hat, lebt und dieselben Wunder für uns bereithält.

Dieses Buch ist ein Zeugnis, dass Gott uns in eine Schule der völligen Abhängigkeit zu Ihm bringen möchte. ***Ein Aufruf, IHM ganz zu vertrauen, koste es was es wolle.*** David Gates ist bekannt als Begründer eines weltweiten Fernsehnetzwerkes.

Die Geschichte vermittelt und gibt einen guten und wirkungsvollen Impuls an den jungen Leser ab. Ab 10 Jahre. Mit über 40 s/w Bildern

Autor: Eileen E. Lantry
Seiten: 220
Ausgabe: 2009
ISBN: 3-933785-35-0
Bestellnummer: 205-532
Format: Softcover
Sprache: Deutsch

Pioniergeschichten der Adventbewegung

Es ist gut, wenn Kinder wissen, was ihre Väter und Mütter getan haben. Denn manchmal sind sie damit ein wichtiges Vorbild für ihre Kinder. Besonders wenn die Kinder das Werk zu Ende bringen sollen, dass ihre Eltern begonnen haben. Aus diesem Grund habe ich das vorliegende Buch geschrieben. Ich möchte den Kindern der Pioniere der Adventbewegung von dieser Bewegung erzählen und davon, warum wir sie fortführen sollten.

Als die Adventbotschaft ihren Anfang nahm, gab es wenige Anzeichen dafür, dass die Welt ihrem Ende entgegengeht. Heute haben sich die Indizien dafür tausendfach vervielfältigt. Jesu Verheißung wiederzukommen, war immer ein Hoffnungszeichen für seine Nachfolger. Je dunkler die Welt wurde, desto heller das Licht. Wer den Herrn liebt, wird intensiv Ausschau halten nach den Zeichen, die sein Kommen ankündigen. Jene Zeichen häufen sich schnell. Wir müssen nicht mehr lange warten.

Die Pioniere gingen mühsam einen steinigen Weg. Sie sind entschlafen, und ihr Auftrag ist unserer geworden. Heute dürfen nicht nur die Erwachsenen, sondern auch die Kinder dieses Werk zum Abschluss bringen, die Reise zur Gottesstadt beenden.

Mögen diese Geschichten der Pioniere in dieser großen Adventbewegung viele Kinder und junge Leute begeistern, sodass sie dort weitermachen, wo ihre Väter den Weg gebahnt haben, damit bald das Reich Jesu anbreche.

ARTHUR W. SPALDING

28 Geschichten mit über 50 s/w Bildern für Kinder ab 8 Jahren!

Autor: ARTHUR W. SPALDING
Seiten: 248
Ausgabe: 2016
ISBN: 978-3-933785-32-9
Bestellnummer: 205-5329
Format: Softcover
Sprache: Deutsch